JN270230

英文法の
エッセンス

江藤裕之 著

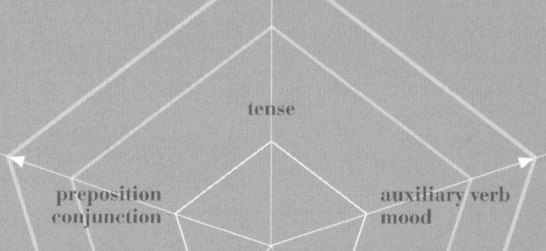

tense

preposition
conjunction

auxiliary verb
mood

The Essence of English Grammar

noun
article
adjective
adverb

infinitive
gerund
participle

大修館書店

はじめに

　本書は，英文法を理解し，英語を使えるようにするための「読む英文法」です。まずは，ざっとでいいですから，最初から最後まで，全ページを読み通してみてください。きっと，英文法について今まで疑問だった点が「あっ，そうか！」と見えてくると思います。そして，ぜひ，2度，3度と繰り返し読み，そこに書かれていることをじっくりと考えてみてください。読者の皆さんひとりひとりの頭の中で，英文法がまとまってくるはずです。

　本書は，理解度と習熟度は別にして，少なくとも一度は英語を勉強した人を念頭に置いて書かれています。そこで，英文法を，単なる暗記ではなく理解して使えるようにするために，可能な限り論理的で体系的な記述と構成をめざしました。本文のところどころで「超直訳」という聞き慣れない言葉を使っていますが，これは単なる直訳を超えて，文法事項の内容までをも明示するような訳し方のことです。英語の構造や文法を理解するためには，このような超直訳はいろいろなヒントになるものと思います。

　本書は，英文法全般にわたる必要最小限のエッセンスを理解・習得するための文法書であり，そのため暗記事項の羅列よりは，理解すべきことの説明に重点を置いています。また，こまごまとした語法なども省いています。ですから，英語を勉強しながら，英文法について「なぜかな？」という疑問が少しずつ出てきた皆さんに本書を読んでいただきたいと思います。また，文法の用語や規則をやみくもに詰め込むだけの勉強で英語がいやになった人や，英語から離れて久しいがもう一度最初から英語を整理し直したいと考えている皆さんにも役に立つ本だと考えています。

　あせらず，しかし，一気に読み上げてみてください。

『英文法のエッセンス』目次

はじめに ... iii

I 動詞の形が示す時間
動詞の時制について ... 3

1 動詞の形が示すもの ... 4
動詞の辞書的意味と文法的意味／動詞の形が示す文法的意味／動作動詞と状態動詞

2 動詞の基本時制 ... 8

1 現在 ... 8
「現在」っていつのこと？／現在の事実を表す現在形／現在の事実と永遠の真理／事実としての未来を表す現在形

2 過去 ... 12
現在や未来とは関係のない過去

3 未来 ... 13
英語の動詞に未来形はない／未来の表現は主観を表す助動詞で

3 完了形 ... 15

1 現在完了形（have＋過去分詞） ... 15
現在完了形の用法とは／「現在＋それ以前（過去）」の現在完了形／現在完了形と過去形との違い／現在を基準にする現在完了形／「have＋過去分詞」の《超直訳》／「have＋過去分詞」と「be＋過去分詞」

2 過去完了形（had＋過去分詞） ... 26
「過去＋それ以前」の過去完了形

目次

③ 未来完了形（will have＋過去分詞）	29
「未来＋それ以前」の未来完了形	
④ 現在完了形・過去完了形・未来完了形のまとめ	31

4 進行形 33

進行形の種類と文法的意味／状態動詞はふつう進行形にしない

① 現在進行形，過去進行形，未来進行形 35
「〜という状態にある」ことを表す現在進行形／過去と未来の進行形

② 現在完了進行形，過去完了進行形，未来完了進行形 38
「ずっと〜している」を表す現在完了進行形／動作の継続を表す現在完了進行形／過去と未来の完了進行形

③ 注意すべき進行形 43
状態を表す動詞の進行形／未来に用いる現在進行形

II 心の想いを描く表現 47
助動詞と仮定法について

1 助動詞 48

① 助動詞の文法的意味 48
本章で扱う助動詞／客観的な事実と話者の主観的な考え／「話者の考え」を表す助動詞／「未来」を表す助動詞

② can, may, must, will, shall の辞書的意味 52
can／may／must／will／shall

③ 助動詞の過去形：would, should, could, might 61
助動詞の過去形／can と could の違い／助動詞から読み取る話者の心の状態

④ 助動詞＋完了形 66
時間のズレを示す完了形

v

2 仮定法 — 70

1 仮定法の意味と形 — 70
仮定法の「法」について／仮定法と動詞の形／仮定法のサイン

2 事実に反する仮想の表現 — 73
現在の事実に反する仮想の表現／過去の事実に反する仮想の表現／if 〜に注意／未来の「ありそうにない」仮想の表現

3 動詞の原形による仮想表現 — 78
God bless you. も仮定法の文／動詞の原形による仮想表現／助動詞を加える方法／判断を示す文での仮想表現

III 文中でさまざまな働きをする動詞の変化形 — 83
不定詞，動名詞，分詞について

1 語のまとまり — 84
句と節／名詞，形容詞，副詞の働きをする句・節／句・節の文中での働きの区別

2 不定詞 — 89

1 不定詞の形と基本的な働き — 89
不定詞の「不定」の意味／to 不定詞の 3 つの用法

2 to 不定詞の文法的意味 — 93
未来的な含みをもつ to 不定詞／不確定なことを表す to 不定詞／意識の方向を表す to 〜

3 動名詞 — 99

1 動名詞の形と基本的な働き — 99
名詞の働きをする〜ing 形／to 不定詞と動名詞

2 動名詞の文法的意味 — 102
事実を表す動名詞／想定されたことも表す動名詞／わかりにくい to 不定詞と動名詞の違い

4 分詞　106

① 分詞の形と基本的な働き　106
形容詞と副詞の働きをする分詞／自動詞と他動詞

② 分詞の文法的意味　111
分詞と時間／分詞と態／exciting と excited

③ 分詞構文　117
副詞の働きをする分詞構文／「同時に起こっている」ことを表す分詞構文

5 不定詞，動名詞，分詞の共通項目　119

① 不定詞，動名詞，分詞の意味上の主語　119
to 不定詞の意味上の主語／動名詞の意味上の主語／分詞の意味上の主語

② 不定詞，動名詞，分詞の否定表現　123

③ 不定詞，動名詞，分詞の完了形　125
不定詞，動名詞，分詞の時間／不定詞，動名詞，分詞の完了形

IV 名前と修飾の表現　129
名詞と冠詞，形容詞/副詞と比較について

1 名詞と冠詞　130

① 名詞の種類　130
1つのものだけを表す名詞／共通の性質をもつものをまとめて表す名詞／普通名詞／集合名詞，抽象名詞，物質名詞

② 数えられる名詞と数えられない名詞　134
名詞の単数と複数／money は数えられない名詞／一定の形・区切りをもつ数えられる名詞

③ 不定冠詞 a, an　137
a, an が必要な名詞／a の文法的意味／a のつかない名詞／a のつかない名詞に a がつくと／a のつく名詞から a がとれると

4 定冠詞 the　142
指すものを明示する the／前に言及したものを指す the／唯一のものを指す the／総称的に限定する the／a と the のまとめ

2 形容詞・副詞　147

1 形容詞　147
形容詞の用法と定位置／名詞と形容詞の関係／「the＋形容詞」が意味するもの

2 副詞　151
副詞の用法と定位置／文を修飾する副詞の定位置と注意事項

3 比較　155

比較の意味／絶対的と相対的

1 原級による比較表現　156
「程度が同じ」ことを表す as 〜 as／「程度が同じでない」ことを表す not as 〜 as / not so 〜 as／as ... の省略

2 比較級による比較表現　161
2つのものを比べて優劣を示す比較級／比較の対象／「2つのうちで〜の方」を表す「the＋比較級」／「それだけ〜」を表す「the＋比較級」

3 no＋比較級　165
「否定的に同じ」を表す no more／「肯定的に同じ」を表す no less

4 最上級による比較表現　168
最高のもの1つだけを示す最上級／the をつけない最上級／最上級に関する注意事項

V 文中の「語のまとまり」を示す語　　171
前置詞，接続詞，関係詞について

1 前置詞　　172

① 前置詞の働きと種類　　172
前置詞の働き／前置詞の種類と意味の広がり

② at, in, on　　174
「点」を表す at／「範囲」を表す in／「接触」を表す on

③ from, to, for　　180
「起点」を表す from／「到着点」を表す to／「方向」を表す for

④ of, by, with　　188
「分離」と「所属」を表す of／「近接」を表す by／「敵対」と「同伴」を表す with

⑤ その他の前置詞　　195
after／about, above／before, behind, beyond, below／among と between

⑥ 動詞の目的語と前置詞の目的語　　198

2 接続詞と関係詞　　200

① 接続詞の種類と働き　　200
語，句，節をつなぐ接続詞／「語のまとまり」を示す接続詞／名詞節を導く接続詞 that／副詞節を導く接続詞

② 関係詞の種類と働き　　207
文中で形容詞の働きをする「語のまとまり」／「代わりをする」関係詞／「代名詞と接続詞の働きをする」関係代名詞／前置詞＋関係代名詞／「副詞と接続詞の働きをする」関係副詞／関係詞の限定用法と叙述用法／限定用法と叙述用法で意味が異なる場合／関係詞 that／注意すべき関係詞

おわりに　　225

ワンポイントコラム

①	過去形と現在完了形に使える How long ...? と for 〜	22
②	「have＋過去分詞」と「have＋to 不定詞」	25
③	時間のズレを示す過去完了形	28
④	can と be able to	54
⑤	「許可」を表す may と can	55
⑥	must と have to	56
⑦	will と be going to	59
⑧	shall のニュアンス	60
⑨	should と had better の違い	65
⑩	仮定法の were と was	74
⑪	仮定法による丁寧表現	82
⑫	不定詞の訳し方	92
⑬	be to 〜	98
⑭	動名詞の受動態的用法	105
⑮	「〜してもらう」「〜される」の文	116
⑯	a＋固有名詞	142
⑰	「すべて」を指す the という考え方	146
⑱	alive と possible	150
⑲	形容詞か副詞か	154
⑳	so 〜 that ...は同等比較の構文	160
㉑	比較級の否定文には注意	165
㉒	「クジラの公式」のからくり	168
㉓	「〜から」はいつも from とは限らない	182
㉔	to と for, by の違い	184
㉕	等位接続詞 for	187
㉖	be made from 〜と be made of 〜	191
㉗	with を用いた付帯状況の表現	195
㉘	not A and B には注意	201
㉙	名詞節を導く疑問詞	204
㉚	「原因・理由」を表す because, since, as の違い	206
㉛	先行詞に注意	214
㉜	文の内容全体を受ける関係詞	219
㉝	接続詞の that か関係代名詞の that か	221

英文法のエッセンス

I
動詞の形が示す時間

動詞の時制について

動詞は英文法で一番大切な項目です。英文の内容が「いつのこと」なのか，それが「事実」なのか「話者が考えていること」なのかといった動詞の文法的意味をしっかりと理解し，また正しく表現できなくてはなりません。本章では，動詞の形が表す文法的意味のうち，時制について学びます。

1　動詞の形が示すもの

■ 動詞の辞書的意味と文法的意味

　He plays tennis.（彼はテニスをする）という英文の動詞 plays の s を「三単現の s」と教わります。この「三単現」とは，「三人称単数現在」を縮めたもので，plays という動詞の形が示す文法的意味（文法的な働き・機能）を表しています。つまり，〜s（動詞の原形＋s）となっていることから，plays の主語の「人称」は he や she などの三人称，主語の「数」は単数，そして，動詞の「時制」は現在だということがわかるのです。

動詞の原形＋s	辞書的意味	文法的意味
eats	食べる	三人称単数現在
reads	読む	三人称単数現在
lives	生きている	三人称単数現在
likes	好む	三人称単数現在
knows	知っている	三人称単数現在

このように，それぞれの語の辞書的な意味は異なっても，〜sという動詞の形から**文法的な意味は同じ**であることがわかります。動詞の辞書的意味は1つ1つ覚えていく他に手はありませんが，文法的意味については，動詞の形がどのような文法的働きを示しているのかを理解するだけでよいのです。

　文法(グラマー)とは言葉のもつ法則であり，また，その法則に基づいた，言葉を正しく使うためのルールでもあります。文法の学習では，まず文法事項の内容を理解し，そこに示されるルールを身につけ，実際に応用できる力をつけることが大切です。

■ 動詞の形が示す文法的意味

　三人称単数現在の動詞 plays には，主語の「人称」や「数」，そして，動詞の「時制」の他にも重要な文法的意味があります。それは，He plays tennis. が「能動態（〜する）」の文であるということと，事実[†]を述べている「直説法」の文であるということです（☞ p.70）。その意味で，plays の文法的意味は「三人称単数現在」よりも，「**三人称単数現在能動事実**」と表現した方がより正確です。

　plays の文法的意味は次のようにまとめることができます。

{
　主語の「人称」は**三人称** ⇒ 一人称（I, we）や二人称（you）でない
　主語の「数」は**単数** ⇒ 複数（we, you, they）でない
　動詞の「時制」は**現在** ⇒ 過去（played）や未来（will play）でない
　動詞の「態」は**能動態** ⇒ 受動態（be played）でない
　動詞の「法」は**直説法** ⇒ 仮定法（would play）でない
}

[†] 本書で用いる「事実」という言葉には，客観的事実に加え，話者が事実と考えていることも含みます。

～s という語の形から，これだけのことがわかります。以上の内容から，動詞の形が示す文法的意味をまとめると次のようになります。

> **POINT**
>
> **動詞の形が示す文法的意味**
> 主語の人称 ⇒ 一人称 or 二人称 or 三人称
> 主語の数 ⇒ 単数 or 複数
> 動詞の時制 ⇒ 現在 or 過去 or 未来
> 動詞の態 ⇒ 能動態（〜する）or 受動態（〜される）
> 動詞の法 ⇒ 直説法（事実）or 仮定法（仮想や希望的観測）

これらの文法的意味のうち，動詞の形との関連から言うと，「主語の人称」と「主語の数」についてはそれほど注意する必要はないでしょう。というのも，今日の英語で主語の人称や数に応じて動詞の形が変化するのは，plays のように現在時制で主語が三人称単数の場合のみだからです。また，能動態か受動態かも，受動態は The window *is broken*.（窓が割れている）のように，主として「be 動詞＋過去分詞」で表されるので，その区別はそれほど難しくありません（受動態については ☞ p. 114）。

ですから，上に挙げた動詞の形が示す 5 つの文法的意味の中で特に注意が必要なのは「動詞の時制」と「動詞の法」です。つまり，動詞の形から，**現在・過去・未来といった時間を区別し，また，事実を表す「直説法」の文なのか仮想や希望的観測を表す「仮定法」の文なのかを見極めること**が最重要ポイントとなります。本章では動詞の時制を中心に説明し，動詞の法については次章で扱います[†]。

I 動詞の形が示す時間

■ 動作動詞と状態動詞

　本題に入る前に、動作動詞と状態動詞の区別について簡単に確認しておきましょう。

　英語の動詞には play, eat, read などのような動作を表す動詞——動きを身振り手振りなどのしぐさで表現できるもの——と、live, like, know といった状態を表す動詞とがあります。

　動作動詞は動きを表現するものですから、He is playing tennis.（彼はテニスをしている）のように、現時点で進行しているときは**一時的な事実（そのときのこと）**を表し、He plays tennis.（彼はテニスをする）となれば**習慣的な事実（ふつうのこと）**を表します。

　それに対し、状態動詞は動きではなく、いつものようすやありさまを表現します。ですから、He likes tennis.（彼はテニスが好きだ）の like のように、状態動詞は**恒常的な事実（いつものこと）**を表すのです。

---

† 文法学では「時制（tense）」の他に「相（aspect）」というカテゴリーがあり、完了や進行といった時間のとらえ方の表現は通常この「相」に含まれます。しかし、本書では、他の多くの英文法の参考書と同じように、「相」や「アスペクト」という用語を用いず、完了や進行を「時制」に含めて説明します。

2 動詞の基本時制

1 現在

> **ESSENCE**
>
> 「現在」のエッセンス
>
> 動詞の現在形は「現在の事実」を表す。

■「現在」っていつのこと？

He plays tennis. は，plays という動詞の形が現在形であることから現在を表す文だということがわかります。

ところで，現在とはいつのことを言うのでしょうか。私たちはふだん何気なく「現在」という言葉を使いますが，そもそも，現在という時間はあるのでしょうか。刻々と過ぎ去っていく時間の流れの中では，「いま」と思った瞬間にそれはもう過去になっています。

いま目の前で「彼はテニスをしている」というような，一時的な「現時点」での動作の進行を強調するには，He is playing tennis.（彼はテニスをしている）のように現在進行形が使われます（☞ p. 35）。では，He plays tennis. という現在形の文はどのような時間を表すのでしょうか。

I 動詞の形が示す時間

■ 現在の事実を表す現在形

　動詞の現在形が表す「現在」とは，一時的な意味での「現時点」ではなく，もっと幅の広い現在のことを言います。

　先に説明した動作動詞と状態動詞に分けて考えてみましょう。動作動詞 play を用いた He plays tennis. という現在形の文は「彼はテニスをします」という意味ですが，それは，必ずしもいま目の前でテニスをしていることを言うのではありません。He plays tennis. は，「彼はテニスをする」という**現在の習慣的な事実**（ふつうのこと）を言い，内容的には He is a tennis player.（彼はテニスをする人だ）と同じです。

　また，状態動詞 like を用いた He likes tennis. という現在形の文は，「彼はテニスが好きだ」という**現在の恒常的な事実**（いつものこと）を表します。このように，動作動詞（He plays tennis.）であれ，状態動詞（He likes tennis.）であれ，**現在形は現在の事実を表す**という点で共通しています。

■ 現在の事実と永遠の真理

　「現在の事実」をもう少し詳しく言い換えれば「現在を含む時間帯の事実」ということになります。そこから，現在の事実を含み，過去や未来にも広がっている「永遠の真理」も現在形で表されることが理解できます。

　たとえば，The sun *sets* in the west.（太陽は西に沈む）という「永遠の真理」を表す文を考えてみましょう。現在，西に「沈む」太陽は，遥か遠い昔も西に「沈んだ」ことは事実ですし，また，今後もずっと西に「沈むだろう」と予想できます。このように The sun sets in the west. という文は，**現在を含んだ事実を表現しているので sets という動詞の現在形が用いられています**。

　もう1つ例を挙げましょう。水は酸素と水素から成ることは，

過去，現在，未来を通して変わらない事実ですから，Water *consists* of oxygen and hydrogen.（水は酸素と水素からできている）という現在形の文で永遠の真理を表します。この文を，動詞の過去形を用いて Water *consisted* of oxygen and hydrogen. とすると，過去の事実として「水は酸素と水素からできていた（現在や未来のことはわからない）」となり，また，Water *will consist* of oxygen and hydrogen. と未来の表現にすると「水は酸素と水素からできるだろう（現在や過去のことはわからない）」となり，意味的におかしな文となります。過去形は「過去の事実」のみを表し，will を用いた未来の表現は現在や過去の事実とは関係がありません。そこで，過去から現在を経て未来にわたる永遠の真理を表す文には，現在の事実を含んでいるということから動詞の現在形が用いられるのです。

「幅の広い現在」という意味が理解できたでしょうか。ここでは，重要なポイントとして，**現在形は「現在」という時間のみならず，「事実である」ことも示している**という点を確認しておきましょう。

■ 事実としての未来を表す現在形

現在形は「現在の事実」を表すという点が理解できると，His train *leaves* at six tomorrow. や If it *rains* tomorrow, I will stay at home. のような文の理屈がよく理解できます。

これらの文について，参考書などでは「往来・発着を表す近接未来の文には，未来のことであっても現在形を使う」だとか，「時や条件を表す副詞節には，未来のことであっても現在形を使う」のように，例外的な用法として説明がなされています。たしかに，「時間」という側面のみから見ると例外のようですが，「事実か仮想か」という視点から解釈するとうまく説明ができます。

まず His train *leaves* at six tomorrow.（彼の乗る列車は明日6時に出発する）ですが，この文で示される列車の出発時刻は at six tomorrow という未来です。しかし，列車が発車するのは，たとえ未来のことであっても習慣的な事実であり，それは時刻表にも載っている**予定として確定している事実**です。つまり，His train *leaves* at six tomorrow. は**時間的には未来ですが，その内容は話者には現在の事実としてとらえられています**。ですから，動詞 leaves は現在の事実を示す現在形になっているのです。

　また，We *arrive* in New York tomorrow morning.（私たちは，明朝ニューヨークに到着する）や，The meeting *begins* at 8 a.m. tomorrow.（ミーティングは明日の午前8時に始まる）のように，個人の意志や都合ではなく，集団の予定や催しものを表す場合にも現在形が用いられます。この場合も同じように，たとえ未来の予定であっても，話者にとっては**すでに確定された現在の事実**だからです。

　次に，If it *rains* tomorrow, I will stay at home.（もし明日雨なら，私は家にいよう）という文を考えてみましょう。tomorrow と未来のことを言っているのに，if it *will rain* tomorrow ではなく if it *rains* tomorrow と現在形 rains が使われています。これは，「明日，雨が降るという事̇実̇ (it rains tomorrow)」を想定しているからです。つまり，「明日，雨が降るという事実を仮に想定したら」というのが if it rains tomorrow の意味なのです。

　「雨が降る」ことが話者の頭の中では事実としてとらえられているので，ここでも明日（未来）のことを表すのに rains という現在形が使われています。これを if it will rain tomorrow のように will rain とすると，「明日，雨が降るだろうなら」とか「明日，雨が降るかもしれないなら」となって，意味的におかしくなってしまいます。

「現在形」という名称からどうしても「時間」だけにしか注意が向きませんが、文の内容が「事実」なのか「仮想」なのかという点にも目を向けてみてください。今までわかりにくかったいろいろな疑問が解けてくるはずです（☞ p. 49）。

2 過去

> **ESSENCE**
>
> 「過去」のエッセンス
>
> 動詞の過去形は、現在の事実や未来のこととは関係ない「過去の事実」のみを表す。

■ 現在や未来とは関係のない過去

時間の幅が大きく、とらえどころの難しい「現在」に比べると、「過去」は簡単です。過去形が表す内容は、過去の事実だけです。ですから、yesterday や when he was young のようなはっきりと過去を示す語句を伴う場合や、内容から明らかに過去だと判断できるときに過去形を使用します。

He *played* tennis *yesterday*.
（彼は昨日テニスをした）
He *liked* tennis *when he was young*.
（彼は若いころテニスが好きだった）
Columbus *discovered* America.
（コロンブスはアメリカを発見した）

このように，動作動詞（play）でも状態動詞（like）でも，動詞の過去形は「過去の事実」のみを表します。

③ 未来

> **ESSENCE**
>
> 「未来」のエッセンス
>
> 英語には動詞の未来形はなく，未来はふつう助動詞 will を用いて表現する。

■ 英語の動詞に未来形はない

時の流れは，過去，現在，未来に区切ることができます。英語の時制も基本的にこの3つに分けられますが，「未来」の表現には少し注意が必要です。

英語には現在形や過去形という動詞の形があります。

 He *plays* tennis.（彼はテニスをする）
  ↳ 現在形
 He *played* tennis.（彼はテニスをした）
  ↳ 過去形

しかし，**英語の動詞には未来形という形はなく**，

 He *will play* tennis.（彼はテニスをするだろう）

のように will という助動詞を用いて未来の内容を表現します。

■ 未来の表現は主観を表す助動詞で

　未来の表現に助動詞を用いる理由を「時間」という側面からではなく，「事実か仮想か」という視点から考えてみましょう。

　現在や過去には事実があります。ですから，現在形は「現在」という時間と同時に「事実」も表し，過去形は「過去」という時間と同時に「事実」も表すことは，すでに説明した通りです。

　しかし，**未来には事実がありません**。そこで，意志（～するつもりだ）や推量（～だろう）などを表す助動詞を用いることで未来を表現するのです。上の例文を，「事実か仮想か」という点からもう一度見てみましょう。

　　He *plays* tennis.（彼はテニスをする）
　　plays → 現在形 → 現在の事実
　　He *played* tennis.（彼はテニスをした）
　　played → 過去形 → 過去の事実
　　He *will play* tennis.（彼はテニスをするだろう）
　　will play → 助動詞＋動詞 → 未来の仮想

　will などの英語の助動詞は客観的な事実ではなく，「～だろう」という仮想，つまり主観的な想定を表します。主観的な想定とは「まだ事実ではない」ことです（☞ p. 51）。

　この「事実ではない」，つまり「事実が存在しない」という内容を表すことから**助動詞は未来的な含みをもちます**。これは，未来にはまだ事実がないことの裏返しです。そして，助動詞の中でもとりわけ「これからやるつもりだ」という「意志」を表す will が未来の表現を代表する助動詞となります。

　ただし，確定した事実と見なされる場合は，たとえ未来のことでも現在形（☞ p. 10）や現在進行形（☞ p. 45）を用います。

I 動詞の形が示す時間

3 完了形

1 現在完了形(have＋過去分詞)

ESSENCE

「現在完了形」のエッセンス

現在完了形は現時点を基準点とし,それ以前に終わったことを見る,つまり,「現在＋それ以前(過去)」の2つの時間にまたがる表現。

■ 現在完了形の用法とは

学校で現在完了形を教わるときに,完了・結果,経験,継続という用法の分類を習います。そのためか,現在完了形が使われている文に出会うと,どの用法なのかという分類につい頭を悩ませてしまいます。

たとえば,I have lost the watch. という現在完了形の文を見てみましょう。この have lost は完了・結果,経験,継続のどの用法でしょうか。

「時計をなくした」と訳せば完了・結果と取れそうだし,「なくしたことがある」とすれば経験とも取れそうな気がする。しかし,「なくした」だったら継続はおかしい……などと考えていませんか。

「正解は……」と言いたいところですが,実は I have lost the

watch. だけでは，完了・結果，経験，継続のいずれの用法かわかりません。つまり，この文だけでは，現在完了形の用法を区別する決定的な判断基準がないので，いずれの用法にも解釈することができるのです。

　完了・結果，経験，継続といった分類は，コンテキスト（前後関係）や，文中の特定の語句の意味から決まります。したがって，意地悪なテスト問題や参考書などの例文では用法の判断に迷うことがあっても，ふつうに文章を読んだり会話をする分には，前後の脈絡や特定の語句から，どの用法なのか迷うことは多くありません。

> **POINT**
>
> 現在完了形の用法は，コンテキスト（前後関係）や文中にある特定の語句により判断できる。

　では，I have lost the watch. に適当な語句を追加することで，用法を限定してみましょう。

　I have *already* lost the watch.
　（私はすでにその時計をなくしてしまった）［完了・結果］
　I have *just* lost the watch.
　（私はちょうどその時計をなくしたところだ）［完了・結果］
　I have *once* lost the watch.
　（私は一度その時計をなくしたことがある）［経験］
　I have lost the watch *for two months.*
　（私はこの２か月間ずっとその時計をなくしたままだ）［継続］

already（すでに）やjust（ちょうど）のような語があれば、「〜してしまった」という完了・結果を表す文です。once（かつて、一度）なら「〜したことがある」という経験を、そして、for two months（2か月間）のような句があれば「〜したままだ」という継続を表す文になります。

　つまり、以上の例文で完了・結果、経験、継続といった用法の分類を決めるカギは、already, just, once, for two yearsなどの語句の意味なのです。

　なお、完了と結果の違いですが、細かく言えば、完了は「現時点までにしてしまったこと」を表し、結果は「あることがなされたあとの結果」を表します。しかし、結果は「完了した動作の結果」でもあり、完了と結果をはっきり区別できないことも多いので、ここでは1つにしています。

■「現在＋それ以前（過去）」の現在完了形

　実のところ、完了・結果、経験、継続などの用法の分類は、現在完了形の文法的意味を理解する上でそれほど重要ではありません。大切なのは、現在完了形の文法的意味をひと言でどう説明できるかということです。

　現在完了形の「have＋過去分詞」という形に注目しましょう。「have＋過去分詞」のhaveの部分は「現在形」なので、**現在の事実を表します**。これは現在時制の説明のところで学んだ通りです。意味は「もっている」です。また、過去分詞は**すでに過去のこととして終わってしまっていること**、すなわち「完了（過去）」を意味します（☞ p. 111）。

　ですから、この「現在形のhave」と「過去分詞」が合体した「have＋過去分詞」という形で表される現在完了形のエッセンスは、「現時点＋それ以前（過去）に完了したこと」という点にあ

ります。現在に立脚して過去を見る、現在との関係から過去を見る、つまり、現在完了形が示す内容はそれ以前（過去）に完了した事実を現在もっているということです。

> **POINT**
>
> 現在完了形（have＋過去分詞）→ 現在＋それ以前（過去）
> ・「それ以前（過去）に完了した事実」を現在もっている。
> ・現時点に立脚して、それ以前の時間のことを見ている。

■ 現在完了形と過去形との違い

現在完了形の文法的意味は、過去形の文と比べることでその特徴がより鮮明になります。

I *lost* the watch.（私はその時計をなくした）という文は、lost という過去形の動詞が使われていることから、過去の事実のみを表します（☞ p. 12）。つまり、この文には、現時点でその時計がどうなっているのか —— まだなくしたままなのか、あるいは、いまは見つかって手元にあるのか —— についての含みはありません。

【過去形が示す位置】

```
          lost
———————————●————————————————●—————————→
          過去               現時点
```

それに対し、I *have lost* the watch. という現在完了形の文では、完了・結果の場合ですと、「過去にその時計をなくした」という過去の事実と、「だから、いま、その時計はない」という現在の事実の両方の内容が含まれます。

継続の場合は、「過去にその時計をなくした」状態が過去から

現在までずっと続いていることを表し，さらに，「いま，その時計はない」という現在の事実の含みもあります。

経験の場合は，現在から見て「過去にその時計をなくしたことがある」という経験を述べています。この場合は，現時点において「その時計をなくした」という過去の経験を述べているのです。

【現在完了形が示す範囲】

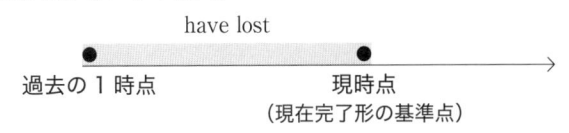

```
                have lost
        ●━━━━━━━━━━━━●━━━━━━━━━▶
   過去の1時点          現時点
                    (現在完了形の基準点)
```

このように，現在完了形の文は，現在との関係から過去を見て，過去の事実が何らかの形で現在の事実に関連していることを述べる文なのです。簡単に言えば，現在完了形とは「現在（現時点）を基準にして見たそれ以前のこと」，つまり，「現在完了形→現在＋それ以前（過去）」ということです。

POINT

・過去形 → 過去

　過去の事実のみで，現在との関連や現在の事実の含みはない。

・現在完了形（have＋過去分詞）→ 現在＋それ以前（過去）

　過去の事実に加え，現在の事実の含みがある。

■ 現在を基準にする現在完了形

現在完了形は，その中心となる動詞 have が現在形であることから，過去ではなく，あくまでも立ち位置は現在です。したがって，はっきりと過去を示す語句を現在完了形の文に用いることは

できません。

過去形の文
I *lost* the watch *yesterday*.
(私は昨日, その時計をなくした)
lost → 過去形（過去のみ）
yesterday → 過去のこと

現在完了形の文
I *have lost* the watch *since yesterday*.
(私は昨日から, その時計をなくしている［昨日なくした状態が現時点まで続いている］)
have lost → 現在完了形（現在＋それ以前）
since yesterday → 過去から現時点までのこと

文法的に誤りの文[†]
*I *have lost* the watch *yesterday*.
yesterday（過去を示す語）と,「現在＋それ以前」を表す現在完了形を同時に用いることはできない。

上の, I lost the watch yesterday. と I have lost the watch since yesterday. の文に関して, それぞれ「いつ」なくしたのか,「どのくらいの期間」なくしたままなのかを尋ねる疑問文は次のようになります。

---

† 文法的に誤った文には＊（アステリスク記号）をつけます。

過去形の文：「いつ」を尋ねる

When did you *lose* the watch?
(あなたはいつその時計をなくしたのか)
did → 過去形（過去のみ）
when → 過去の1時点を尋ねる

現在完了形の文：「どのくらいの期間」を尋ねる

How long have you *lost* the watch?
(あなたはどのくらいその時計をなくしているのか)
have ... lost → 現在完了形（現在＋それ以前）
how long → 過去から現時点までの「どのくらいの期間」を尋ねる

文法的に誤りの文

When have you *lost* the watch?
when（過去の1時点を尋ねる）と,「現在＋それ以前」を表す現在完了形を同時に用いることはできない。

このように when は過去の1時点を尋ねるので, 現在完了形と一緒に使うことはできません。

過去形と現在完了形の違いが理解できたでしょうか。いずれにしても, 現在完了形については, **現時点を基準にして「現在」と「それ以前（過去）」の2つの時間にまたがる**という文法的意味を理解しておくことが重要です。

ワンポイントコラム①

過去形と現在完了形に使える How long ...? と for 〜

「どのくらい」や「〜の間」といった期間を表す句は過去形でも現在完了形の文でも使えます。まず,

How long did you wait?（どれくらい待った）

ですが,ここで過去形（did）が使われているのは,この文の how long（どれだけの間）が現在とは関係なく,過去のことだけを指しているからです。この文の答えとして,次の例文も見てください。

I waited *for two hours*.（私は［過去において］2時間待っていた）

同じように,この文でも過去形（waited）が使われているのは,「2時間」という期間が,現時点とは関係のない過去のことを言っているからです。つまり,この場合は,下の図のように「過去のある2時間」を問題にしているのです。

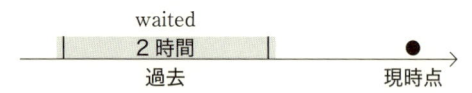

```
            waited
    |―――2 時間―――|        ●
    過去                  現時点
```

これに対し,先に述べたように,現在完了形を使うと,**過去から現時点までの期間が問題になります**。

How long have you *known* each other?

（あなた方はどのくらいお知り合いですか）

We *have known* each other *for two years*.

（私たちは［現時点までの］2年間,知り合いです）

ここで両方の文に現在完了形（have known）が使われているのは,下の図のように,2年前という過去の1点から現時点までの期間のことについて述べているからです。

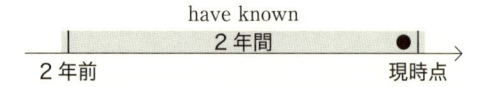

```
          have known
    |―――2 年間―――●
    2 年前          現時点
```

「どのくらい」や「〜の間」といった期間の「右端（終了時点）」が最初の図のように過去の時点にあるなら過去形を用い,2つ目の図のように現時点にかかっているのなら現在完了形を用います。ここからも,現在完了形と過去形が示す内容は違っていることが理解されるでしょう。

I　動詞の形が示す時間

■「have＋過去分詞」の《超直訳》

　現在完了形を用いた I have lost the watch. を「私はその時計をなくした」と訳すと，I lost the watch. という過去形の文と同じ訳になってしまいます。しかし，それは日本語訳がたまたま同じになるだけで，すでに見てきたように，過去形と現在完了形の文法的意味は違います。

　この I have lost the watch. という現在完了形の文を「have（もっている）＋過去分詞（完了したこと）」という形が示すエッセンスにしたがって訳してみると，「彼は，その時計をなくした (lost the watch) という過去の事実を現在もっている (have)」となります。このような単なる直訳を超えた，文法事項の内容までをも明示するような訳し方のことを《超直訳》と呼ぶことにしましょう。

　この訳を，想定されるコンテキストにより現在完了の3つの用法に分け，それぞれに合った訳をつけると，次のようにまとめることができます。

　　I *have* lost the watch .
　　《超直訳》私は，その時計をなくしたという過去の事実を現在もっている。
　　⇒ ┌ 私はその時計をなくしてしまった。［完了・結果］
　　　 ┤ 私はその時計をなくしたことがある。［経験］
　　　 └ 私はその時計をなくしたままだ。［継続］

　現在完了形，つまり，「have＋過去分詞」の文法的意味である「現在＋それ以前（過去）」を理解しておけば，このように，現在完了形のさまざまな用法にも対処できるのです。

■「have＋過去分詞」と「be＋過去分詞」

ここで,「be＋過去分詞」という形を考えてみましょう。「be＋過去分詞」といえば, The window *is broken.*（窓が割れている）のような受動態の文が思い浮かびます。

受動態の文は「〜される」と訳しますが, よく考えてみると, **受動態とはふつう「動作が終わったあと（完了）」の状態のこと**です（完了と受動態の関係については ☞ p. 114）。たしかに, The window is broken. とは窓が割れてしまった後の状態を言います。

The window *is broken.*
《超直訳》窓が割られた（過去）状態である（現在）。
　　　⇒ 窓が**割れている**。

このように,「be＋過去分詞」の文法的意味も「have＋過去分詞」（現在完了形）と同様,「現在＋それ以前（過去）」なのです。

POINT

be 動詞の現在形＋過去分詞 → 現在＋それ以前（過去）
・動作が終わったという完了の意味を表す。
・「〜された」という受動態の意味を表す場合がある。

The window is broken. で「have＋過去分詞」ではなく「be＋過去分詞」となっているのは, 主語の the window が「割れたという過去の事実」をもっている (have) というよりも, むしろ結果としてそういう「現在の状態」にある (be) ことに力点が置かれているからです。The window is broken. の is（be 動詞の三人称単数現在形）は**現在の事実としての「〜である」**を表します。

さらに，窓が割れている状態が過去から現在まで続いていることを言うには，現在完了形を用いて次のように表します。

The window *has been broken* for three days.
《超直訳》窓は，3日間割られた状態をもっている。
　　⇒　窓は，3日間ずっと**割れたままだ**。

ワンポイントコラム②

「have＋過去分詞」と「have＋to 不定詞」

I have to do it. は「私はそれをしなければならない」という意味です。have to がこのように「〜しなければならない」という意味になるのは，have to という形から次のように説明できます。

have to の to は to 不定詞（to＋動詞の原形）の to で，to 不定詞には「これから〜する」という未来的なニュアンスがあります（☞ p. 93）。そこで，have と，この to 不定詞の文法的意味をあわせて考えると，have to が「これから〜すること（to〜）」を現時点で「事実としてもっている（have）」という意味になることが理解できるでしょう。

ここで，「have＋to 不定詞」の形が意味する内容を「have＋過去分詞」の完了形との関連で考えてみます。

　I *have* done it．［現在＋過去］
《超直訳》私は，それを したこと（過去） を現在もっている。
　　⇒　私はそれをした事実をもっている。
　　⇒　私はそれをしたことがある（それをしてしまった）。
　I *have* to do it．［現在＋未来］
《超直訳》私は，それを すること（未来） を現在もっている。
　　⇒　私はそれをする必要性をもっている。
　　⇒　私はそれをしなければならない（それをする必要がある）。

このように対比すると，I have done it. と I have to do it. は構造的に同じだということがわかります。

2 過去完了形（had＋過去分詞）

ESSENCE

「過去完了形」のエッセンス

過去完了形は過去の1時点を基準点とし，それ以前に終わったことを見る，つまり，「過去＋それ以前（大過去）」の2つの時間にまたがる表現。

■「過去＋それ以前」の過去完了形

　前項の現在完了形の説明から，I have already finished my work.（私はすでに仕事を終えてしまっている）という現在完了形の文は，単なる過去の事実のみではなく，現時点を基準にしてそこから過去の事実を眺めた「現時点＋それ以前（過去）」の表現であり，「私は，仕事を終えたという過去の事実を現在もっている」という意味であることが理解できました。

【現在完了形が示す範囲】

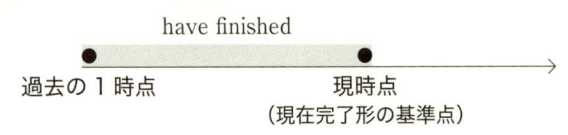

```
            have finished
    ●━━━━━━━━━━━━●━━━━━━━━→
  過去の1時点           現時点
                  （現在完了形の基準点）
```

　この現在完了形の基準点を，現在から過去にずらすと過去完了形の文 I *had* already *finished* my work. になります。

【過去完了形が示す範囲】

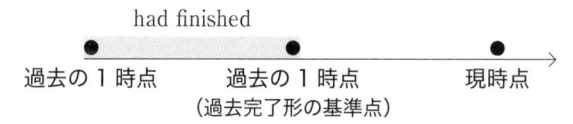

```
           had finished
  ●━━━━━━━━━━━━━━━●                    ●  →
過去の1時点    過去の1時点              現時点
          （過去完了形の基準点）
```

わかりやすくするために，現在完了形の文 I have already finished my work. と過去完了形の文 I had already finished my work. を並べて解説してみましょう。

現在完了形

　I *have* already *finished* my work.
　《超直訳》現在，私は仕事を終えたという事実をもっている。
　　　　　⇒ いま，私はすでに仕事を終えてしまっている（だから，いまはもう仕事はない）。
　→ 現時点を基準にして，それよりも前の時点（過去）に完了した事実を述べる

過去完了形

　When he visited me yesterday, I *had* already *finished* my work.
　《超直訳》彼が昨日私を訪ねてきたとき，私は仕事を終えたという事実をもっていた。
　　　　　⇒ 彼が昨日私を訪ねてきたときには，私はすでに仕事を終えてしまっていた（だから，その時はもう仕事はなかった）。
　→ when he visited me yesterday という過去の1時点を基準にして，それよりも前の時点（過去のさらに過去［大過去］）に完了した事実を述べる

このように，I *had* already *finished* my work.（私はすでに仕事を終えてしまっていた）という過去完了形の文は，過去のある1時点を基準にして，それ以前に完了した事実を眺めた「過去＋それ以前（大過去）」の表現なのです。

POINT

過去完了形（had＋過去分詞）→ 過去＋それ以前（大過去）
・「過去に完了した事実」を，ある過去の時点でもっていた。
・過去の1時点に立脚して，それ以前の時間を見ている。
・「過去よりもさらに過去」という時間のズレを示す。

ワンポイントコラム③

時間のズレを示す過去完了形

　過去完了形は「過去よりもさらに過去」という時間差を表します。しかし，過去完了形を用いずとも，前後関係から時間のズレがわかる場合には過去形で間に合わせることがあります。
　たとえば，「駅に着く前に列車は出発していた」という文は，
　　The train *left* before we *arrived* at the station.
　　The train *had left* before we *arrived* at the station.
のどちらでもOKです。「駅に着いた時」と「列車が出発した時」の時間差をはっきりと示すには下の文のように過去完了形（had left）を用います。しかし，before という接続詞からその時間の関係はわかるので，わざわざ過去完了形を用いなくとも，上の文のように過去形（left）で十分に意味は伝わります。
　では，次の例文を見てください。
　　The train *left* when we *arrived* at the station.
　　The train *had left* when we *arrived* at the station.
　ここでは，接続詞が before ではなく when となっています。この場合，2つの例文は意味が異なります。when は「～のとき」，つまり「同

時」を表すので，上の文では，「駅に着いた時」と「列車が出発した時」が同時で，「私たちが駅に着くと，列車が出発した」という意味になります。しかし，下の文は，had left と過去完了形が使われていることから，「駅に着いた時」と「列車が出発した時」には時間のズレがあり，「私たちが駅に着くと，列車はすでに出発していた」という意味です。

3 未来完了形（will have＋過去分詞）

ESSENCE

「未来完了形」のエッセンス

未来完了形は未来の1時点を基準点とし，それ以前に終わると予想されることを見る，つまり，「未来＋それ以前」の2つの時間にまたがる表現。

■「未来＋それ以前」の未来完了形

現在完了形と過去完了形で学んだ内容から未来完了形の文法的意味は簡単に理解できます。つまり，現在完了形の基準点をそのまま未来にずらせば未来完了形の文になります。

【現在完了形が示す範囲】

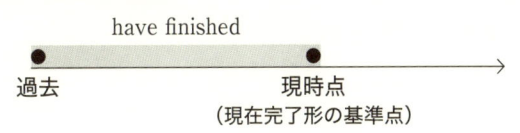

have finished

過去　　　　　　　　　現時点
　　　　　　　　　　（現在完了形の基準点）

【未来完了形が示す範囲】

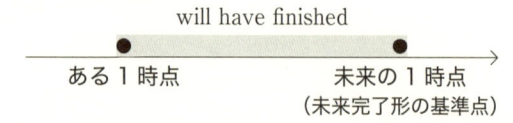

```
                       will have finished
    ●━━━━━━━━━━━━━━━━●──────────→
  ある1時点            未来の1時点
                   (未来完了形の基準点)
```

ですから，I *will have* already *finished* my work.（私はすでに仕事を終えてしまっているだろう）という未来完了形の文は，未来のある1点を基準にして，それ以前に完了するであろう事実を眺めた「**未来＋それ以前**」の表現となります。

未来完了形

　　When he visits me tomorrow, I *will have* already *finished* my work.

《超直訳》彼が明日私を訪ねてくるとき，私は仕事を終えたという事実をもっているだろう。

　　⇒ 彼が明日私を訪ねてくるときには，私はすでに**仕事を終えてしまっているだろう**（だから，その時はもう仕事はないだろう）。

→ when he visits me tomorrow という未来の1時点を基準にして，それよりも前の時点に完了することが予想されることを述べる

現在完了形や過去完了形にならって，未来完了形のポイントを次のようにまとめることができます。

POINT

未来完了形（will have＋過去分詞）　→　未来＋その時点よりも前

30

I 動詞の形が示す時間

・「それ以前に完了した事実」を，ある未来の時点でもっている
  だろう。
・未来の１時点に立脚して，それ以前の時間を見ている。

4 現在完了形・過去完了形・未来完了形のまとめ

　ここで，完了形（現在完了形・過去完了形・未来完了形）の文法的意味のエッセンスを別の例文で確認しておきます。

現在完了形

　I *have read* the book three times.
　《超直訳》現在，私はその本を３度読んだ事実をもっている。
　　　　　⇒ 私はその本を３度読んだ（ことがある）。
　→ 現時点＋それ以前
　→ 現時点を基準にして，それよりも前の時点（過去）に完了した事実をいう

過去完了形

　When he told me about the book, I *had read* it three times.
　《超直訳》彼がその本の話をしたとき，私はそれを３度読んだ事実をもっていた。
　　　　　⇒ 彼がその本の話をしたとき，私はそれを３度読んでいた。
　→ 過去の１時点＋それ以前
　→「彼がその本の話をしたとき」という過去の１時点を基準にして，それよりも前の時点に完了した事実をいう

未来完了形

If I finish the book tomorrow, I *will have read* it three times.

《超直訳》私が明日その本を読み終えたら，私はそれを3度読んだ事実をもつことになるだろう。

⇒ 私が明日その本を読み終えたら，私はそれを3度読んだことになる。

→ 未来の1時点＋それ以前

→ 「私が明日その本を読み終える」という未来の1時点を基準にして，それよりも前の時点に完了することが予想されることをいう

現在完了形，過去完了形，未来完了形とも文の基本的なつくりは同じです。ただ，それぞれの基準となる時間が異なるので，

・現時点を基準とする現在完了形は「have（現在形）＋過去分詞」
・過去の1時点を基準とする過去完了形は「had（過去形）＋過去分詞」
・未来の1時点を基準とする未来完了形は「will have（未来の表現）＋過去分詞」

となります。簡単に言えば，完了形の現在・過去・未来はそれぞれ have の時制に対応するということです。

4 進行形

> **ESSENCE**
>
> 「進行形」のエッセンス
>
> 進行形は一時的な動作や状態を強調する。

■ 進行形の種類と文法的意味

ここまで、基本時制（現在、過去、未来）と完了形（現在完了形、過去完了形、未来完了形）について見てきましたが、これらにはそれぞれ進行形が存在します。つまり、進行形には、

　　現在進行形　　He *is studying* English.
　　過去進行形　　He *was studying* English.
　　未来進行形　　He *will be studying* English.

という基本時制の進行形と、

　　現在完了進行形　He *has been studying* English.
　　過去完了進行形　He *had been studying* English.
　　未来完了進行形　He *will have been studying* English.

という完了進行形があります。このように、進行形には6つの種類があるわけですが、進行形に共通した文法的意味は**一時的な動**

作や状態を強調するということです。

　それは，基本時制の場合ですと，現在進行形は一時的な「現時点」での動作や状態を強調します。つまり，いま目の前で進行していることや，いまだけそうであることが強調されるのです。同じように，過去進行形は「過去のある1時点」での動作や状態を強調し，未来進行形は「未来のある1時点」での動作や状態を強調します。つまり，どの時制であれ，**進行形は一時的な動作や状態を強調し，それゆえ，その時点ではまだその動作が終わっていないという含みがあります。**

■ 状態動詞はふつう進行形にしない

　英語の動詞には play, eat, read などのような動作を表すものと，live, like, know といった状態を表すものがあることについてはすでに確認しました（☞ p.7）。進行形では，この動作動詞と状態動詞の区別が重要です。

　動作動詞は「〜する」という動きを表現するものですから，He is studying English.（彼は英語を勉強している）のように現在進行形にすると「英語を勉強している」という動作が現時点で進行している状態を表します。それに対して，He studies English.（彼は英語を勉強する）という現在形の文が表す内容は，目の前で進行している動作（一時的な事実）ではなく，「英語を勉強する」という習慣的な事実です。このように，動作を表す動詞は，現在形では「習慣的な事実（ふつうのこと）」を，現在進行形では「現時点での一時的な事実（そのときのこと）」を表します（☞ p.8）。

　一方，状態動詞は目に見える動きではなく，「〜である」という状態を表します。したがって，I like tennis. は「私はテニスが好きである」という状態，I know him. は「私が彼を知っている」という状態，つまり「恒常的な事実（いつものこと）」を言っ

ています。このように，状態動詞はいつものことを表すので，一時的な事実を強調する進行形にはなじみません。ですから，I am liking tennis. や I am knowing him. とはふつう言いません。ただし，現時点での気持ちの変化や推移を表す場合には，I am liking it more and more.（私はそれがだんだんと好きになっている）のように状態動詞を進行形にすることもできます（☞ p. 43）。

1 現在進行形，過去進行形，未来進行形

■「～という状態にある」ことを表す現在進行形

現在の習慣的な事実（ふつうのこと）を表す動詞の現在形を用いた He *studies* English.（彼は英語を勉強する）に対して，現在進行形の文 He *is studying* English. は「彼は英語を勉強しているところだ」と，現時点で進行している動作を表します。そこから，この進行形の文には，「（英語の勉強は進行中なので）まだ終わっていない」という含みがあります。

He *is studying* English. の is は be 動詞の現在形であり，「～という状態にある」という現在の事実を表すことから，現在進行形の文は次のように考えることができます。

He *is studying* English *now*.
《超直訳》彼は，いま英語を勉強している状態にある。
　⇒ 彼は，いま英語を**勉強している**。

ここで注意しておきたいことは，「現時点」というのは必ずしもある瞬間のことのみを指すのではなく，少し幅がある場合もあるということです。次の2つの文を比較してください。

He *is studying* English hard *at this moment.*
　　(彼は，ちょうどいま，英語を一生懸命勉強している)
　　He *is studying* English hard *this semester.*
　　(彼は，今学期，英語を一生懸命勉強している)

　He is studying English hard at this moment. では「ちょうどいま」英語を一生懸命勉強しているという，**目の前で進行している事実，つまり現時点の事実が強調**されています。一方，He is studying English hard this semester. の方は，「今学期」英語を一生懸命勉強しているというように，**強調される時点が「今学期」という幅の広い現在**になっています。この場合は，「今学期」が1つの時間のまとまり，つまり一時的なものとしてとらえられています。

　He is studying English hard at this moment. にしても，He is studying English hard this semester. にしても，いずれも現在進行形の文なので，進行形のエッセンスにしたがい，「ちょうどいま」であれ，「今学期」であれ，それぞれの文の**一時性が強調**されていることには変わりありません。ですから，少し深読みすると，一生懸命英語を勉強しているのは，「ちょうどいまだけ」，あるいは「今学期だけ」であって，ふだんはそれほどでもないという含みも見えてきます。

POINT

現在進行形（am/are/is＋〜ing）は，「いま」のこと（一時性）を強調する表現。

I 動詞の形が示す時間

■ 過去と未来の進行形

現時点のことを強調する現在進行形に対し，強調される1時点が過去あるいは未来にある場合には，それぞれ過去進行形，未来進行形になります。

過去進行形

He *was studying* English about this time yesterday.
《超直訳》昨日の今ごろ，彼は英語を勉強している状態にあった。
⇒ 昨日の今ごろ，彼は英語を**勉強していた**。

未来進行形

He *will be studying* English about this time tomorrow.
《超直訳》明日の今ごろ，彼は英語を勉強している状態にあるだろう。
⇒ 明日の今ごろ，彼は英語を**勉強しているだろう**。

POINT

過去進行形（was/were＋〜ing）も未来進行形（will be＋〜ing）も，「そのとき」のこと（一時性）を強調する表現。

2 現在完了進行形, 過去完了進行形, 未来完了進行形

> **ESSENCE**
>
> 「完了進行形」のエッセンス
>
> 完了進行形は2つの時制の進行形が合体したもので, ある時点からある時点までの2つの時間にまたがる動作の継続を表す。

■「ずっと〜している」を表す現在完了進行形

現在完了形の文 He has studied English. の進行形(現在完了進行形)である He has been studying English. について考えてみましょう。

たとえば, 彼が20分前(過去の1時点)に英語の勉強をしていたとしましょう。そして今(現時点)も英語の勉強をしている。これらの2時点の間のどこを切り出しても(10分前でも, 1分前でも, 30秒前でも), 彼は英語の勉強をしていた。つまり, 「20分間ずっと英語の勉強をしていた」というように, 2つの時点の間の動作の継続を表すのが現在完了進行形です。

過去進行形

 He *was studying* English *twenty minutes ago.*
 (彼は, 20分前に英語を勉強していた)
 → 20分前のこと
 → 過去の1時点の事実

現在進行形

He *is studying* English *now*.
(彼は，いま英語を勉強している)
→ いまのこと
→ 現時点の事実

現在完了進行形

He *has been studying* English *for twenty minutes*.
(彼は，20分間ずっと英語を勉強している)
→ この20分間のこと
→ 20分前から現時点までの事実

このように，He has been studying English for twenty minutes. という現在完了進行形の文では「彼がこの20分間ずっと英語を勉強している」という，過去の1時点（20分前）から現時点までの動作の継続が表されています。動作の継続と言うと難しそうですが，簡単に言えば「今までずっと〜し続けている」ということです。

【現在完了進行形の範囲】

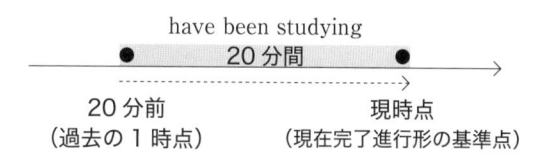

```
              have been studying
        ●━━━━━ 20分間 ━━━━━●
   ─────────────────────────────→
      20分前              現時点
    （過去の1時点）   （現在完了進行形の基準点）
```

現在完了形が「現在＋それ以前（過去）」なら，現在完了進行形は「現在の進行＋過去の進行」と考えてよいでしょう。現在完了進行形（have been 〜ing）とは，「現時点＋それ以前（過去）」

を表す現在完了形（have＋過去分詞）の文法的意味と,「ある1時点の強調」という進行形（be＋〜ing）の文法的意味が合体したものです。そこから, 現在完了進行形は「過去の1時点から現時点までの, ある一定の幅をもった時間に継続されて行われていること」(ずっと〜し続けている）を表します。

> **POINT**
>
> 現在進行形＋過去進行形 ⇒ 現在完了進行形

■ **動作の継続を表す現在完了進行形**

ただ,「ずっと〜し続けている」といっても, 必ずしもいま目の前でその動作が続いているとは限りません。これはふつうの進行形の場合と同じです（☞ p. 36）。

He has been studying English *for twenty minutes*.
（彼は英語を 20 分間ずっと勉強している）
He has been studying English *for twenty years*.
（彼は英語を 20 年間ずっと勉強している）

He has been studying English for twenty minutes. では, 20 分前からいままで英語を勉強し続けていること, つまり, この 20 分間ずっと机に座って英語を勉強していたことがわかります。一方, He has been studying English for twenty years. は, 文字通りこの 20 年間ずっと机から離れずに英語を勉強しているということではありません。そうではなく, この 20 年間継続して英語を勉強していることを言っていて,「この 20 年間ずっと学んできている」という動作の継続を強調しています。

He *has been studying* English for twenty years. のように，動作動詞の継続は現在完了進行形で表します。動作の継続を表す現在完了進行形なので，ここで用いられる動詞は動作動詞がふつうなのです。それに対して，We *have known* each other for twenty years.（私たちは20年前からの知り合いだ）のような状態動詞の継続には現在完了形を用います。

■ 過去と未来の完了進行形

過去完了進行形や未来完了進行形は，現在完了進行形の基準となる時間（現在）をそのまま過去や未来にずらしたものです。現在完了進行形と対比しながら，それぞれの特徴をまとめてみましょう。

現在完了進行形

He *has been waiting* for twenty minutes.

《超直訳》彼は，20分間待ち続けている状態を現在もっている。

⇒ 彼は20分待っている。

→ 「現時点＋その時点よりも前」のこと
→ 20分前も，いまも，その間もずっと

【現在完了進行形が示す範囲】

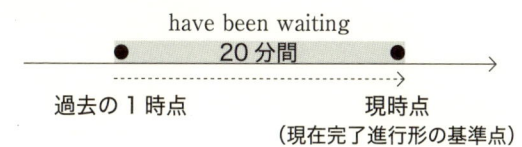

```
                    have been waiting
       ●─────────20分間─────────●
───────────────────────────────────→
    過去の1時点                現時点
                        （現在完了進行形の基準点）
```

過去完了進行形

When we arrived there, he *had been waiting* for twenty minutes.

《超直訳》私たちが到着したとき,彼は20分間待ち続けている状態をもっていた。
　　　　⇒ 私たちが到着したとき,彼は20分待っていた。
→ 「過去の1時点+その時点よりも前」のこと
→ その過去の時から20分前も,その時も,その間もずっと

【過去完了進行形が示す範囲】

```
              had been waiting
         ●────20分間────●            ●      →
       過去の1時点    過去の1時点      現時点
                  (過去完了進行形の基準点)
```

未来完了進行形

When we arrive there, he *will have been waiting* for twenty minutes.

《超直訳》私たちが到着するとき,彼は20分間待ち続けている状態をもっているだろう。
　　　　⇒ 私たちが到着するときには,彼は20分待っていることになるだろう。
→ 「未来の1時点+その時点よりも前」のこと
→ その未来の時から20分前も,その時も,その間もずっと

【未来完了進行形が示す範囲】

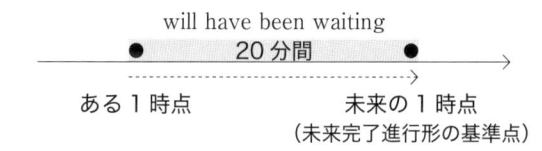

```
              will have been waiting
         ●────────20分間────────●
    ─────┬──────────────────────┬─────→
       ある1時点              未来の1時点
                          (未来完了進行形の基準点)
```

③ 注意すべき進行形

■ 状態を表す動詞の進行形

　基本時制の進行形の説明のところで，live, like, know といった「いつものこと」を表す状態動詞は，一時的な時間を強調する進行形にはなじまないので，ふつう進行形にしないと述べました（☞ p. 35）。しかし，状態動詞にも進行形にできるものはあり，その場合も「一時的である」ことが強調されます。

> **POINT**
>
> 状態を表す動詞も「一時的である」ことが強調される場合は進行形になる。

　live は「生きている，住んでいる」という状態を表す動詞です。eat や run のような動作動詞はその動きの様子を身振り手振りで簡単に表現することができますが，「生きている」という状態を動きで表すことは難しいでしょう（☞ p. 7）。

　この live という状態動詞を用いた I *live* in Tokyo. という現在形の文は「（住居を定めて）私は東京に住んでいる」という現在の状態を意味します。これは「住んでいる」という状態はすぐには

終わらない恒常的な事実（いつものこと）だということが前提です。住居を構え，そこに定住している状態をイメージしてください。

　しかし，このような状態を表す動詞 live も，I *am living* in Tokyo now. （私はいま［現在のところ］東京に住んでいます）のように進行形で使うことがあります。この場合は，たとえば，単身赴任だとか進学などの理由で一時的に住んでいることを示し，その状態がいつまでも続くのではなく，一定の時間が経てば終わることが前提になっています。

　完了形にも状態動詞の進行形はあります。たとえば，上の例文を I *have been living* in Tokyo for one week. と現在完了進行形にすれば，一時的に東京に住んでいる状態が1週間続いていることになります。つまり，1週間前から現時点までずっと一時的に東京に住んでいるのだということです。

　また，「～である」という意味の be 動詞も状態を表すのでふつうは進行形にはなじみません。She *is* kind to me. のように，is（現在形）を使うと，「彼女は（いつも）私に親切です」という「いつもの事実」を表します。ところが，「今日は（今日だけは），彼女は私に親切です（いつもはそうでないのに）」と一時的であることを強調する場合には，She *is being* kind to me today. のように進行形の文にすることができます。これはむしろ「親切な行為をしている」という動作の強調とも考えられます。ただし，*She *is being* tall today. （今日は［今日だけは］，彼女は背が高い）というのはありえないことなので，おかしな文です。

　いずれにせよ，「進行形は一時的な動作や状態を強調する」という進行形の文法的意味のエッセンスを理解しておけば，動作動詞や状態動詞などの区別をそれほど考える必要もなく，進行形を用いたどのような表現も理解できるでしょう。

I　動詞の形が示す時間

■ 未来に用いる現在進行形

最後に、He *is leaving* for New York tomorrow morning.（彼は明朝ニューヨークに出発する）という未来を表す現在進行形の文についても簡単に触れておきます。

現在時制のところで、His train *leaves* at six tomorrow.（彼の乗る列車は明日6時に出発する）は、習慣的（定期的）な事実を表すので、未来のことでも現在形（leaves）を使うと説明しました（☞ p. 10）。習慣的に確定した予定は、未来のことでも内容的には現在の事実に等しいとみなされるからです。また、We *arrive* in New York tomorrow morning.（私たちは、明朝ニューヨークに到着します）や、The meeting *begins* at 8 a.m.（ミーティングは明日の午前8時に始まります）のように、確定した予定にも現在形を用います。

同じように、「～するつもりだ」という意志ではなく、「～することになっている」のように事実としてとらえられている未来の表現に現在進行形を用いることがあります。たとえば、He *is leaving* for New York tomorrow morning. という現在進行形の文では、「彼は、明日の朝ニューヨークに出発する」という近い未来の予定が事実としてとらえられています。

この文では、「ニューヨークに出発すること」は時間的には未来のことであっても、気持ちの上では**現在進行中の状態**なので、現在進行形（is leaving）が用いられます。それは、「彼はニューヨークに出発する状態にある」といった感じです。そういった状態にあるのは、まさに「いま」なのですから、現在進行形を用いることで「いまの状態」が強調されることになります。

He *is leaving* for New York tomorrow morning.
《超直訳》彼は、明日の朝ニューヨークに出発する状態にあ

　　　　　る。
　　⇒ 彼は，明日の朝ニューヨークに出発する。

　もちろん，He *will leave* for New York tomorrow morning. のように，willを用いても未来の表現になりますが，この場合はあくまでも「意志（出発するつもりだ）」や「推量（出発するだろう）」を意味し，確定的事実を話題にしているとは言えません。

II

心の想いを描く表現

助動詞と仮定法について

心に抱く予測や希望，現実にはありそうにないことの想像や願望，遠まわしな丁寧さを示す微妙なニュアンスを理解し表現するには，助動詞と仮定法の用法をしっかりと理解しておく必要があります。本章では，助動詞や仮定法による，事実を表す表現とは違った，心の想いを描く表現を学びます。

1 助動詞

1 助動詞の文法的意味

> **ESSENCE**
>
> 「助動詞」のエッセンス
>
> 助動詞は「事実」ではなく，「話者の考え」を表す。「事実」でないという点から，助動詞は「未来的なニュアンス」をもつ。

■ 本章で扱う助動詞

助動詞の説明に入る前に，まずここで扱う助動詞を確認しておきましょう。

「動詞と結びついて用いられ，動詞に何かしらの意味を加えるもの」を助動詞とするならば，いろいろなものが助動詞になってしまいます。英文法の参考書には，現在進行形の be や現在完了

形の have も助動詞としているものがありますが，ここでは can, may, must, will, shall の5つの代表的な助動詞を取り上げて，これらの助動詞の文法的意味を考えてみます。

■ 客観的な事実と話者の主観的な考え
次の2つの文を比べてください。

He *studies* English every day.
（彼は毎日英語を勉強する）
He *must study* English every day.
（彼は毎日英語を勉強しなければならない）

He studies English every day. は，現在の習慣的な事実を表す現在形（studies）が使われていることから，「彼は毎日英語を勉強する」という**事実を述べる文**です（☞ p. 9）。それに対して，He must study English every day. は，「彼は毎日英語を勉強しなければならない」という**話者の考えを述べる文**です。このように助動詞 must を使うことで，**客観的な事実ではなく，話者の主観的な考えを述べる表現**になります。

> **POINT**
>
> 動詞の現在形が「現在の客観的な事実」を表すのに対し，助動詞（can, may, must, will, shall）は話者が心の中で思い描いている「話者の主観的な考え」を表す。

■ 「話者の考え」を表す助動詞
このような must の用法は，他の助動詞にも当てはまります。

助動詞(can, may, must, will, shall)を使った,次の例文を比べてください。

We can finish this work.
(私たちはこの仕事を終わらせることができる)
→「私たちはこの仕事を終わらせることができる」と私(話者)は考えている

We may finish this work.
(私たちはこの仕事を終わらせるかもしれない)
→「私たちはこの仕事を終わらせるかもしれない」と私(話者)は考えている

We must finish this work.
(私たちはこの仕事を終わらせなければならない)
→「私たちはこの仕事を終わらせなければならない」と私(話者)は考えている

We will finish this work.
(私たちはこの仕事を終わらせるつもりだ)
→「私たちはこの仕事を終わらせるつもりだ」と私(話者)は考えている

We shall finish this work.
(私たちはこの仕事を終わらせることになるだろう)
→「私たちはこの仕事を終わらせることになるだろう」と私(話者)は考えている

このように，辞書的な意味は異なっても，それぞれの助動詞には，**話者が考えていることを表す**という共通の文法的な働きがあります。つまり，このような助動詞は話者が心の中で考えている「予測」や「希望」「可能性」などを表現するのです。

■「未来」を表す助動詞

「話者が考えていること」とは，「客観的な事実でない」ということです。いま挙げた助動詞を用いた例文には，「実際に彼が仕事を終わらせるかどうかわからないが，おそらくそうなるだろうと思う」という含みが共通にあります。

この「〜だろうと思う」という，**確定した事実を表さないところから，助動詞は未来的なニュアンスを帯びてきます**。現在や過去には確定した事実がありますが，未来には確定した事実がないからです。未来とは不確定なことであり，そこから，不確定なことは未来的な感じがするのです（☞ p. 14）。

> **POINT**
>
> 助動詞には未来的なニュアンスがある。

前ページの例文に by noon（昼までに）という未来を表す語句を入れても自然に聞こえます。

We can finish this work by noon.
（私たちは昼までにこの仕事を終わらせることができる）

We may finish this work by noon.
（私たちは昼までにこの仕事を終わらせるかもしれない）

We must finish this work by noon.
(私たちは昼までにこの仕事を終わらせなければならない)

We will finish this work by noon.
(私たちは昼までにこの仕事を終わらせるつもりだ)

We shall finish this work by noon.
(私たちは昼までにこの仕事を終わらせることになるだろう)

　以上の例文のどれにも,「まだ終わっていない」「これから終わるだろう」という含みがあり,そこから「これから〜する」という未来的なニュアンスが感じられます。

2 can, may, must, will, shall の辞書的意味

　助動詞の文法的意味がわかったところで,それぞれの助動詞の辞書的意味を簡単に見ましょう。

■ can

　助動詞 can の語源的な意味は「知っていた」で,「〜の方法を知っていた」から「〜することが可能だ」という意味になりました。この「可能」という意味から,「できる」という「能力」,「してよい」という「許可」,そして「ありうる」という「可能性」を表します。

II 心の想いを描く表現

> **POINT**
>
> can（可能） { （〜することは可能だ）→ できる（能力）
> （〜することは可能だ）→ してよい（許可）
> （〜であることが可能だ）→ ありうる（可能性）

できる（能力）

He can read the book in an hour.

《超直訳》彼が1時間でその本を読むことは可能だ。
　　　⇒ 彼は1時間でその本を読むことができる。

してよい（許可）

You can go now.

《超直訳》あなたがいま行くことは可能だ。
　　　⇒ あなたはいま行ってよい。

ありうる（可能性）

It cannot be true.

《超直訳》それが本当であることは可能ではない。
　　　⇒ それは本当のはずがない。

canを使ったこれらの文からも、「話者の考えを表す」と「未来的なニュアンスをもつ」という助動詞のエッセンスが確認できると思います。たとえば、You can go now.ですと、まだそこにいる相手に向かって「あなたは行ってよい」と言うのですから、**話者の考えを伝えている**わけです。そして、仮に行くとすればこれからのことですから、まさに**未来のこと**になります。

He can read the book in an hour.も文脈によっては、「（実際に

読むかどうかわからないが，読もうと思えば）彼はその本を1時間で読むことができるだろう」と話者が考えていることのように解釈でき，そこから，「実際に読むのはこれからだ」という**未来の含みがあること**も読み取れます。

　もちろん，この文は「彼はその本を1時間で読むことができる」と断定しているようにも取れます。He can speak English. (彼は英語を話すことができる) や Birds can fly. (鳥は飛べる) にある can のように，「人やものが〜する能力がある」といった内容を示す場合の can は，話者の主観というよりは，客観的な事実を示す度合いが強くなります。can を「できるだろう」と読み取るのか，あるいは「できる」と言い切るのかはコンテキスト次第ということになります。

ワンポイントコラム④

can と be able to

　can と意味の似た表現に be able to があります。can には「〜できる」と「〜できるだろう」の意味合いがありますが，be able to は「〜できる」という客観的な能力のみを表します。注意すべき点は，can は人にも人以外（動物や機械など）にも使えますが，be able to はふつう人にしか使わないということです。つまり，be able to は「人が〜する能力がある」ことを客観的事実として述べる表現なのです。

■ may

　助動詞 may は「力」を意味する名詞 might（may の過去形と同じ形です）と語源が同じで，もともとは「力をもつ」という意味でした。この「〜する力をもつ」という意味から，may は「〜してよい」という「許可」を表すようになります。また，「〜で

ある力をもつ」という意味から,「〜する可能性がある」「〜しかねない」「〜かもしれない」という「可能性」も表します。

POINT

may（力） $\begin{cases} （〜する力をもつ）→ してよい（許可）\\ （〜である力をもつ）→ かもしれない（可能性） \end{cases}$

してよい（許可）

You may go now.

《超直訳》あなたはいま行く力をもっている。

⇒ あなたはいま行ってよい。

かもしれない（可能性）

It may be true.

《超直訳》それは本当である力をもっている。

⇒ それは本当かもしれない。

ワンポイントコラム⑤

「許可」を表す may と can

「〜してよい」という「許可」を表すには may と can の両方が使えます。ただし,You may go now. のように may を使った方がどちらかと言うと「(目上から目下のものへ許可を与えるような) 正式な言い方での許可」であり,You can go now. のように can を使った方は「くだけた言い方での許可」となります。ですから,「いま行ってよろしいですか」と先生に尋ねるには May I go now? を,「いま行っていい?」と友達に聞くには Can I go now? をふつう使います。

■ must

mustはもともと「定められる」「強いられる」という意味で、そこから「義務」の観念が生じます。この「義務」の観念から、「〜しなければならない」という意味だけでなく、「〜にちがいない」という強い「推量」の表現にも使われるようになりました。

POINT

must（義務）$\begin{cases} （〜する義務がある） → しなければならない（義務）\\ （〜である義務がある） → にちがいない（推量） \end{cases}$

しなければならない（義務）

You must go now.
《超直訳》あなたはいま行く義務がある。
　　　　⇒ あなたはいま行かなければならない。

にちがいない（推量）

It must be true.
《超直訳》それは本当である義務がある。
　　　　⇒ それは本当にちがいない。

ワンポイントコラム⑥

must と have to

「〜しなければならない」と同じように訳せても、mustと違いhave toは「外的な事情による必要・義務」を表します。それは、「have（現在形）＋to不定詞」のhaveが動詞の現在形であり、「客観的事実」を表

II 心の想いを描く表現

しているからです（☞ p. 25）。

must（助動詞） → 主観＋未来

I must study English.

《超直訳》私は英語を勉強する義務がある（と私は考えている）。
　　⇒ 私は英語を勉強しなければならない。

I must *not* study English.

《超直訳》私は英語を勉強しない義務がある（と私は考えている）。
　　⇒ 私は英語を勉強してはいけない。

have（現在形）＋to 不定詞 → 客観＋未来

I have to study English.

《超直訳》私は（いまから）英語を勉強することをもっている。
　　⇒ 私は英語を勉強する必要性をもっている。
　　⇒ 私は英語を勉強する必要がある。
　　⇒ 私は英語を勉強しなければならない。

I do *not* have to study English.

《超直訳》私は（いまから）英語を勉強することをもっていない。
　　⇒ 私は英語を勉強する必要性をもっていない。
　　⇒ 私は英語を勉強する必要がない。
　　⇒ 私は英語を勉強しなくてもよい。

簡単に言えば，I must study English. は「英語を勉強しなければならない」と話者が思っているのに対し，I have to study English. は，たとえば，宿題やテストがあるから「英語を勉強する必要がある」ということです。have to は客観的事実として必要があることを述べる表現なのです。

■ will

「意志」という意味の名詞としても使われる will は，「強い望み」を語源的意味としてもち，「～するつもりだ」という「意志・意向」を表します。たとえば，I will study English this evening.（私は今晩英語を勉強するつもりだ）は，これから英語を勉強するという「意志」を伝えています。したがって，この**「意志」**

の表現は，同時に「未来」の表現にもなります。

「意志」の表現は The door *will* not open.（このドアはどうしても開かない）といった無生物の主語の場合にも使われます。The door *does* not open. なら，客観的事実として「ドアが開かない」と言っているだけですが，The door *will* not open. は，本来は意志をもたない door があたかも意志をもっているかのように表現するものです。その結果として，「このドアはどうしても開かない（開くつもりがないようだ）」という「意向」「傾向」が示されます。さらに，この表現には「このドアは開かないものなんだな」だとか，「このドアは開こうとしないな」というような話者の気持ちも込められています。will のこの「傾向」の意味から，He will sit up late.（彼はよく徹夜をする）や Accidents will happen.（事故は起こるものだ）といった「習慣」「習性」を表す用法も出てきます。

POINT

will（意志・意向）$\begin{cases} \text{〜するつもりだ（意志・未来）} \\ \text{よく〜する（意向・傾向・習慣・習性）} \end{cases}$

するつもりだ（意志）

We will go now.

《**超直訳**》私たちにはいま行く意志がある。

　⇒ 私たちはいま行くつもりだ。

よく〜する（習慣）

He will sit up late.

《**超直訳**》彼は徹夜をする傾向がある。

⇒ 彼はよく徹夜をする。

このような意志や傾向を伴う未来の表現に加えて，will には I will be twenty next month.（私は来月20歳になる）や He will be late.（彼は遅れるだろう）のように意志とは関係ない未来を表す用法もあります。「これからやるつもりだ」という意志が実現するのは必ず未来のことですから，will は未来全般の表現を代表する助動詞となり，そこから「意志とは関係ない，自然のなりゆきで起こる未来」も will がカバーするのです。

ワンポイントコラム⑦

will と be going to

can と be able to の意味が微妙に異なるように，will と be going to にも意味の微妙な違いがあります。「～するつもりだ」という「意志」や「意向」の意味もある助動詞 will に対し，何らかの事実が起こる兆候から判断して「～しそうだ」と言う場合や，前もって計画がありそれを実行することが決定されている場合など，未来のことでも現実性を帯びた内容には be going to ～ を用います。たとえば，雲行きが悪く今にも雨が降りそうなときには It is going to rain.（雨が降りそうだ）と言い，車を買うことが決定している場合には We are going to buy a car.（私たちは車を買うことにしている）と表現します。

■ shall

「罪・負債」が語源的意味である shall は，「義務」や「必要」を意味するようになりました。そこから，shall は主語以外の「意志」や「意向」，とりわけ**話者の「意志」や「意向」**を表します。たとえば，He shall go now. は「（彼の意志にかかわらず）彼にいま行ってもらおう」という意味であり，コンテキストによっ

ては「(私は)彼をいま行かせよう」のように話者の意志が強く込められることにもなります。

この shall ですが,今日の英語では通常,相手の意向を尋ねる *Shall I open the window?*(窓を開けましょうか)や *Shall we dance?*(踊りましょうか)といった疑問文のみで使われます。その他の shall の用法は,文語的で堅い感じがすることから,法律の条文や契約書の文章で使われる他はほとんど見かけません。ですから,「彼をいま行かせよう」という意味の英文としては,He shall go now. よりも I will have him go now. の方がよいでしょう。また,「あなたにチャンスを与えよう」の意味では You shall have a chance. よりも,I will give you a chance. のように will を用いて表現するのが無難です。

ワンポイントコラム⑧

shall のニュアンス

shall には運命的なニュアンスもあります。たとえば,I shall return.(私は戻ることになっている)と shall を使って言うと,will を使った I will return.(私は戻るつもりだ)とは違って,自分の意志にかかわらず戻る運命にある,自分の意志を超えた何かに動かされているというニュアンスが強く感じられます。

ここまで,can, may, must, will, shall の辞書的意味を見てきましたが,助動詞の文法的意味の説明で明らかにしたように,これらの助動詞には「～と私(話者)は考えている」という含みが共通にあることをここでもう一度確認してください。

3 助動詞の過去形：would, should, could, might

ESSENCE

「助動詞の過去形」のエッセンス

would, should, could, might は，実現の可能性が低いと話者が考えていることを示す。

■ 助動詞の過去形

would, should, could, might は，それぞれ will, shall, can, may の過去形です。

He *says* he *can* play tennis with you.
(彼は君とテニスをすることが**できる**と**言う**)
He *said* he *could* play tennis with you.
(彼は君とテニスをすることが**できる**と**言った**)

上のように，時制を過去に一致させるときは，can が could になります。この場合の could は can の過去形とみなしてよいでしょう。また，次の can と could はそれぞれ現在と過去のことを述べています。

She *can* speak English fluently.
(彼女は英語を流暢に話すことが**できる**)
She *could* speak English fluently when she was young.
(若いころ，彼女は英語を流暢に話すことが**できた**)

この場合の could も can の過去形とみなせます。

では、次の can と could はどのような関係になっているでしょうか。

We *can* go shopping tomorrow.
We *could* go shopping tomorrow.

このどちらの文も、たとえば、What shall we do tomorrow? (明日、何をしようか) という問いかけの答えとして使えます。まず、We can go shopping tomorrow. (明日、買い物に行くことができます) ですが、この文は can を用いることで、「これからのこと」について話者が自分の考えを述べています。

次に、We *could* go shopping tomorrow. ですが、tomorrow があるので、この could は can の過去とは考えられません。実は、この文も、We *can* go shopping tomorrow. と同じように、「これからのこと」について話者の考えを言っているのです。では、can と could ではどのような意味の違いがあるのでしょうか。

■ can と could の違い

could は can の過去形です。すると、時間という軸では could は can よりも時間的に現時点から遠く離れており、次のような関係になっています。

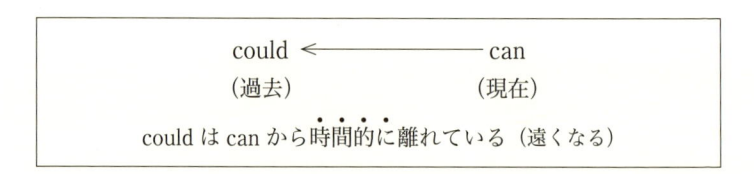

---

could ⟵――――― can
(過去)　　　　　　(現在)
could は can から時間的に離れている (遠くなる)

この図の「時間」を，話者の「気持ち」や「心の状態」に置き換えてみるとどうなるでしょうか。すると，could は can から気持ちの上で（心理的に）離れることで，「できると思う気持ち」が can よりも弱くなると考えられます。つまり，can は「〜できる」「〜は可能です」のように能力や可能性について話者の比較的強い気持ちを表すのに対し，could は「〜できるかもしれないね（実際はできないかもしれない）」「やろうと思えば〜したらどうだろうね（実際はしないかもしれない）」のような話者の比較的弱い気持ちを表すと考えられるのです。

---

could ←——————— can
（比較的弱い気持ち）　（比較的強い気持ち）
could は can から心理的に離れている（遠くなる）

We *can* go shopping tomorrow.
(明日，買い物に行くことが**できます**)
→ 能力，可能性についての比較的強い気持ち

We *could* go shopping tomorrow.
(明日，買い物に行くことが**できるだろう**)
→ 能力，可能性についての比較的弱い気持ち

この場合の could は can よりも気持ちの上で実現から遠いと考えている（心理的に離れている）ことを示しています。日本語訳ではその違いがうまく出せませんが，**could の方が can よりも，実現する可能性が低いと話者が考えているということを理解**してください。

> **POINT**
>
> **助動詞の過去形の文法的意味（could を例に）**
>
> 心理的に離れている → could は can よりも能力，可能性について，話者の気持ちが弱い

■ 助動詞から読み取る話者の心の状態

　話者の主観を表現する助動詞の文法的意味を考える時は，話者の気持ちや心の状態に注目します。would, should, could, might は，「will, shall, can, may の過去」といった時間的視点よりも，「気持ちの上で（心理的に）離れている」という心の状態を読み取ります。つまり，would, should, could, might は will, shall, can, may に比べると「意志」「当然性」「可能性」「能力」に関する気持ちが弱く，そこから自信のなさ，強制力や可能性の弱さが表されるということです。では，can と could 以外の組み合わせも見てみましょう。

　He *will play* tennis with you.
　（彼は君とテニスをするつもりだ）
　He *would play* tennis with you.
　（彼は君とテニスをするつもりだろう）
　→ would の方が実現可能性が低い

　He *shall play* tennis with you.
　（彼に君とテニスをさせよう）
　He *should play* tennis with you.
　（彼は君とテニスをすべきだろう）
　→ should の方が実現可能性が低い

He *may play* tennis with you.
（彼は君とテニスをするかもしれない）
He *might play* tennis with you.
（ひょっとしたら，彼は君とテニスをするかもしれない）
→ might の方が実現可能性が低い

　would, should, could, might は必ずこのように訳さなければならないということではありません。He would play tennis with you. なら，「君とテニスをするだろう」でも，「君とテニスをするつもりじゃないかな」でも，「たぶん，君とテニスをするかもしれないね」でも OK です。

　大切なことは，次の点を理解しておくことです。それは，would, should, could, might を用いた文では，will, shall, can, may に比べて**現実問題として実現の可能性が低い**と話者が考えているということです。したがって，would, should, could, might を使った文では「理屈ではできるが，実際にはやらないだろう」「理論的には十分可能だが，実際にはできないだろう」という含みも生じることになり，これが後で説明する仮定法へとつながっていきます。

ワンポイントコラム⑨

should と had better の違い

　should はふつう「～すべき」と訳します。しかし，この「べき」は語調が少しきつい感じがするので，「～したほうがよい」の訳で習う had better に比べると，should はあまり他人に向かって使わないほうがいいように感じられます。しかし，実際は逆です。

　should は助動詞なので「話者の主観」を示しており，shall に比べると should は実現の可能性が低いわけですから，You should go. という

表現をあえてその含みまで一緒に訳すと「実際問題としてあなたがそうするかどうかわからないけれども，あなたが行くことになるのではないだろうか，と私は思っています」といったような遠まわし（婉曲）表現となり，相手を不愉快にさせるような意味にはなりません（言い方や，顔つき，動作などの言語外の要素は除外します）。一般的に，遠まわしの言い方は「丁寧」な表現になります（☞ p. 82）。

それに対し，You had better go. という文には「あなたは行ったほうがいい」という柔らかな日本語訳とは裏腹に「警告」や「脅し」，さらには「命令」的なニュアンスがあります。そこには「行かないとひどい目にあうかもしれない」という怖い含みがあるのです。日本語訳から should と had better を使い分けていると誤解を招きかねません。

4 助動詞＋完了形

ESSENCE

「助動詞＋完了形」のエッセンス

「助動詞＋完了形」は過去についての推量を表す。

■ 時間のズレを示す完了形

助動詞の文法的意味では話者の「気持ち」や「心の状態」が大切なことは理解できたでしょうか。すでに述べたように，will, shall, can, may などの助動詞と，その過去形である would, should, could, might との文法的意味の違いについては，現在・過去といった時間の差よりも，実現可能性の多い少ないという気持ちの差を理解する方が重要です。

そこで、It may be true.（それは本当かもしれない）の may が It might be true. と might になっても、過去の意味にならないことが理解できたでしょう。それは、「本当かもしれない」と判断する気持ちが may よりも弱いことが示されるだけです。したがって、It may be true. も It might be true. も時間的には現在についての推量という点で同じです。

では、「それは本当だったかもしれない」という過去についての推量はどのようにして表せばよいのでしょうか。助動詞の次には常に動詞の原形が来るので、*It may was true. とはできません。

英語では、時間のズレを示すのに完了形を使います。つまり、文法的に過去形が使えないところでは、「have＋過去分詞」を用いることで現在との時間のズレを表すのです。ですから、「それは本当だったかもしれない」という過去の推量は It *may have been* true. と「助動詞＋完了形」で表現します。また、この文の may を It *might have been* true. と might にすると、「〜だったかもしれない」と思う気持ちが弱くなります。簡単にまとめてみましょう。

現在についての推量

It *may be* true.
（それは本当かもしれない）
It *might be* true.
（ひょっとしたら、それは本当かもしれない）
→ might の方が「本当である」可能性が低い

過去についての推量

It *may have been* true.

(それは本当だったかもしれない)
It *might have been* true.
(ひょっとしたら，それは本当だったかもしれない)
→ might の方が「本当であった」可能性が低い

日本語訳では違いをうまく出せませんが，may が might になることで，時間が過去になるのではなく，「～かもしれない」という気持ちが一段と弱くなることを理解してください。

> **POINT**
>
> 時間のズレを示すのには完了形を用いる。

このポイントは，助動詞の後だけでなく，不定詞，動名詞，分詞などのように，動詞の過去形が使えないすべての場合に有効です（☞ p. 126）。

では，would, should, could, might を用いた「過去についての推量」の表現をまとめましょう。

He would play tennis with you.
(彼は君とテニスをするだろう)
He would *have played* tennis with you.
(彼は君とテニスをしただろう)

He should play tennis with you.
(彼は君とテニスをすべきだろう)
He should *have played* tennis with you.
(彼は君とテニスをすべきだったろう)

He could play tennis with you.
(彼は君とテニスをすることができるだろう)
He could *have played* tennis with you.
(彼は君とテニスをすることが**できた**だろう)

He might play tennis with you.
(ひょっとしたら，彼は君とテニスをするかもしれない)
He might *have played* tennis with you.
(ひょっとしたら，彼は君とテニスを**した**かもしれない)

このように，would, should, could, might が「〜ではないだろうか（実際はわからないが）」という現在についての推量を表すのに対し，would, should, could, might に「have＋過去分詞」という完了形が続くと「〜だったのではないだろうか」という過去についての推量の表現となります。この「〜だったのではないだろうか」という憶測の裏には，**「実際には〜ではなかった」という事実の含みがあります。**たとえば，He would have played tennis with you. からは，「実際にはしなかったけれども…」という含みが読み取れるのです。これが，事実に反することを想定する「仮定法」の表現となります。

2 仮定法

1 仮定法の意味と形

> **ESSENCE**
>
> 「仮定法」のエッセンス
>
> 仮定法とは，事実ではないこと，現実にはありそうにもないことを仮に想定する表現。

■ 仮定法の「法」について

これまで何度か，話者の気持ちや心の状態を表す方法という意味で「法」という文法用語を使いました。ここで，その意味を簡単に説明しましょう。

I *am* a student.（私は学生です）のような事実を表す動詞の形を直説法あるいは叙実法（事実を叙述する法）と言い，I wish I *were* a dog.（私がイヌだったらなあ）の I *were* a dog の部分のように事実に反する主観的な仮想を表す動詞の形を仮定法または叙想法（仮想を叙述する法）と言います。

このように，客観的な事実の表現と，主観的な仮想や願望の表現のチャンネルを替える動詞の変化が「法」です。「法」という用語は難しそうですが，英語では mood と言います。つまり，「法」とは「心的態度」「心の状態（ムード）」なのです。

Ⅱ 心の想いを描く表現

■ 仮定法と動詞の形

重要なことは,英語ではこの心の状態の違いを動詞・助動詞の形で区別するという点です。

I *am* a student.(私は学生です)
→ 「私は学生である」という事実を述べる直説法(叙実法)

I wish I *were* a dog.(私がイヌだったらなあ)
→ 実際はイヌではないが「イヌだったら」という,事実に反する(仮想の)願望を述べる仮定法(叙想法)

> **POINT**
>
> **動詞の法(mood:心の状態)の変化**
>
> 　　　　　　　語形変化で mood を変える
> 事実の表現 ⟵─────────────⟶ 仮想・願望の表現
> 直説法(叙実法)　　　　　　　仮定法(叙想法)
> I *am* a student.　　　　　　　I wish I *were* a dog.
> (私は学生です)　　　　　　　(私がイヌだったらなあ)

事実か仮想かを,古い時代の英語では動詞の形で区別していました。しかし,語形変化を著しく失ってしまった今日の英語では,動詞の語形変化だけでこのような文法的意味を表現することが難しくなりました。そこで活躍するのが would などの助動詞です。

■ 仮定法のサイン

仮定法の文というと,if 〜(もし〜)の部分が重要だと感じて

いないでしょうか。しかし，仮定法で注意すべきは，むしろ would, should, could, might の方です。

前項で学習したように，He *would play* tennis with you.（彼は君とテニスをするだろう）は「実際はしないかもしれない」という実現の可能性の低さを表し，He *would have played* tennis with you.（彼は君とテニスをしただろう）では「実際はしなかった」という事実の含みも読み取れます。つまり，この両方とも仮定法の文であることは，would から読み取れるのです。

以下の例文も，条件を示す if～ はありませんが，十分に仮定法の文として通用します。

> A wise man *would* not say such a thing.
> （賢い人ならそんなことは言わないだろう）
> It *might* be better to keep it a secret.
> （それは秘密にしていたほうがよいだろう）
> Without your help, he *could* not have succeeded.
> （あなたの助けがなければ，彼は成功しなかっただろう）
> They *could* have lived happily here.
> （ここなら彼らは幸せに暮らせただろうに）

ですから，if～ がなくても，would, should, could, might を見たら仮定法のサインかなと注意してください。

POINT

would, should, could, might は仮定法のサインかなと注意する。

2 事実に反する仮想の表現

ESSENCE

「事実に反する仮想表現」のエッセンス

・現在の事実に反する仮想は過去形を用いて表す。
・過去の事実に反する仮想は過去完了形を用いて表す。

■ 現在の事実に反する仮想の表現

「私がイヌだったらなあ」の英文は*I wish I *am* a dog. ではなく，I wish I *were* a dog. です。このように，am か were かという動詞の形で「事実の表現」か「仮想の表現」かを区別します。

It *is* fine today.（今日は晴れている）
→ 現在の事実
If it *were* fine today, he would play tennis with you.
（今日晴れていたら，彼は君とテニスをするだろう）
→ 現在の事実に反する仮想［実際は晴れていない］

He *knows* the story.（彼はその話を知っている）
→ 現在の事実
He is talking as if he *knew* the story.
（彼はまるでその話を知っているかのように語っている）
→ 現在の事実に反する仮想［実際は知らない］

上の例文の if it were fine today や as if he knew the story の

部分ですが, この were や knew は過去形です。このような仮想の表現に過去形が用いられるのは, 時間的に「現在」から離れている形 (つまり, 過去形) で, 心理的に「現実」から離れていることを表現するからです。

このように, 現在の事実に反する仮想の表現には were や knew のような過去形が使われるので, if it were fine today や as if he knew the story を「仮定法過去」と言います。しかし, 時間的な内容は過去とは関係がなく「現在の事実に反する仮想」を表します。

ワンポイントコラム⑩

仮定法の were と was

If it were fine today, ... (もし今日晴れていたら), I wish I *were* a dog. (私がイヌだったらなあ) などの仮定法過去の文では, be 動詞は常に were を用いるのが本来の用法です。しかし, 今日の口語では If it *was* fine today, ... や I wish I *was* a dog. のように, were ではなく was が用いられることが多いようです。これは, 主語の it (三人称単数) や I (一人称単数) に対しては無意識に was を使ってしまいがちなためだと考えられます。言葉は変化するものですから, いずれ was が正しい用法になるかもしれません。

■ 過去の事実に反する仮想の表現

前の例文 If it were fine today, he would play tennis with you. や He is talking as if he knew the story. では, were や would, そして knew といった動詞・助動詞の過去形が使われていますが, その内容は過去とは時間的に何の関係もない「現在の事実に反する仮想」でした。

では,「過去の事実に反する仮想」はどのように表現するので

しょうか。次の例文を比べて下さい。

> If it *were* fine today, he *would play* tennis with you.
> (今日晴れていたら，彼は君とテニスをするだろう)
> → 現在の事実に反する仮想［実際は晴れていないのでしない］
>
> If it *had been* fine yesterday, he *would have played* tennis with you.
> (昨日晴れていたら，彼は君とテニスをしただろう)
> → 過去の事実に反する仮想［実際は晴れていなかったのでしなかった］

このように，**過去の事実に反する仮想の表現には過去完了形を用いて表現します**。つまり，現在の仮想を表すには現在より一段階前の時制である過去形を用いるように，過去の仮想を表すには過去より一段階前の時制である過去完了形を用いるということです。そこで，このような文を「仮定法過去完了」の文と言います。

POINT

現在の事実に反する仮想 → 過去形（現在より一段階前の時制）を用いる

過去の事実に反する仮想 → 過去完了形（過去より一段階前の時制）を用いる

■ if〜 に注意

すでに学んだように，He would play tennis today with you. (彼は今日君とテニスをするだろう) は話者の主観的な考えを表す

文です。「彼が実際にテニスをする」可能性はかなり低いかもしれませんが、ひょっとしたらするかもしれません。しかし、If it were fine today, he would play tennis with you.（今日晴れていたら、彼は君とテニスをするだろう）となると、if it were fine today の部分が**事実に反する仮想の表現**なので、he would play tennis with you では「実際はテニスをしない」という含みが決定的になります。

しかし、if 〜 の部分はいつも事実に反する仮想の表現だとは限りません。たとえば、If it is fine tomorrow, he will play tennis with you.（明日晴れるなら、彼は君とテニスをするだろう）は「明日晴れたら、テニスをする」ということを言っているのですが、明日（未来）には事実が存在しないので、if it is fine tomorrow は事実に反する仮想ではありません。明日、晴れる可能性は十分にあるのです。

ところで、if it is fine tomorrow で、tomorrow は未来なのに will be ではなく現在形の is が使われていますが、この点については I 章で説明しました（☞ p. 11）。これは、「明日、晴れることが事実である (it is fine)」ことを想定する表現なので、if *it is fine* tomorrow のように事実を表す現在形の is を使います。つまり、「もし、明日、晴れるという事実 (it is fine tomorrow) を想定したら」というのが if it is fine tomorrow の意味です。ただし、will が未来という「時間」ではなく「意志」を表すのであれば、if 〜 の中でも will を使います。たとえば、if you *will* learn English（あなたは英語を学ぼうという意志があるなら）の will は「未来」ではなく、あくまでも現在の「意志」を表します。

また、If it is fine tomorrow, he will play tennis with you. では、would ではなく will が使われています。これは、「明日、晴れる」可能性は十分にあり、「テニスをする」可能性も十分にあ

るので，he will play 〜 のように，彼にテニスをする意志と十分な可能性があることを示す will を用いるのです。

■ 未来の「ありそうにない」仮想の表現

　未来には事実がないので「未来の事実に反する仮想」はないと言いました。しかし，たとえ未来のことでもかなり高い確率で実現が予測できることがあります。たとえば，台風が接近していて外は暴風雨というとき，「明日は晴れない」ことがほぼ 100% 予測されます。そのような場合に，「もし万が一明日晴れるようなことがあれば，彼は君とテニスをするだろう」という表現は，If it *should be* fine tomorrow, he *would play* tennis with you. となります。これを，その他の類似の表現と比べてみましょう。

　If it *is* fine tomorrow, he *will play* tennis with you.
　（明日晴れるなら，彼は君とテニスをするだろう）
　→ 未来の条件［晴れる可能性はある］

　If it *were* fine today, he *would play* tennis with you.
　（今日晴れていたら，彼は君とテニスをするだろう）
　→ 現在の事実に反する仮想［実際は晴れていない］

　If it *had been* fine yesterday, he *would have played* tennis with you.
　（昨日晴れていたら，彼は君とテニスをしただろう）
　→ 過去の事実に反する仮想［実際は晴れていなかった］

　If it *should be* fine tomorrow, he *would play* tennis with you.
　（万一明日晴れれば，彼は君とテニスをするだろう）

→ 未来の予測に反する仮想［晴れる可能性は極めて低い］

最後の文では should を用いることで,「実際にはありそうにないが」という可能性の低さを表しています (☞ p. 65)。

③ 動詞の原形による仮想表現

> **ESSENCE**
>
> 「動詞の原形による仮想表現」のエッセンス
>
> 祈願や願望といった,「こうあってほしい」という仮想は動詞の原形を用いて表す。

■ God bless you. も仮定法の文

God bless you. という表現があります。相手がくしゃみをしたときに「お大事に」の意味で使われたり,感謝の言葉を述べるときやお別れのときに「あなたに神のお恵みがありますように」という意味で使われたりします。ところで,この God bless you. という英語,よく見るとどこかおかしくないですか。

中学生に「Mike play tennis. は正しい英文ですか」と聞くと,ほぼ全員が「いいえ。Mike *plays* tennis. が正解です」と答えます。主語の Mike は三人称単数ですから,その現在形には〜s がついて plays となるからです。であれば,God も三人称単数の名詞ですから,God *bless* you. ではなく God *blesses* you. となるべきです。しかし,辞書にも参考書にも God *bless* you. と載っています。なぜでしょう。

もう一度，God bless you. の訳を見てください。「あなたに神のお恵みがありますように」でした。つまり，God bless you. は「事実」の表現ではなく，「〜でありますように」という話者の願望や祈願を表しているのです。

God *bless* you.
(神のお恵みがありますように)
→ 事実ではない主観（願望・祈願・主張など）の表現

God blesses you. となれば，blesses は現在形ですから現在の事実の表現となり，神様が実際に恵みを与えてくれるということになります。

実は，God bless you. も仮定法の文です。仮定法は事実でないことを想定する表現ですが，現在や過去の事実に反することだけではなく，「こうあってほしい」という願望や祈願の表現にも使います。これを「仮定法現在」といい，常に動詞の原形を用います。God *be* with you.（神が汝とともにあらんことを）や Long *live* the queen!（女王陛下万歳！[女王陛下が長く生きられんことを]）などもそうです。

ただし，動詞の原形による仮定法現在は，今日では古い用法として上の例のような限られた表現でしか用いられません。そこで，God bless you. は May God bless you. のように助動詞 may を用いて表現されることもあります。

■ 動詞の原形による仮想表現

God bless you. の bless のような，「こうあってほしい」という仮想を表現する動詞の原形は，次のような文でも使われます。

I propose that everyone *study* English.
(私は,誰もが英語を勉強することを提案する)

この文の everyone *study* English で,動詞が studies(現在形)ではなく study(原形)となっていることに注目してください。これは,God bless you. の bless と同じで,あくまでも「こうあってほしい」という**話者の主観的な考えであって事実ではない**ことを示しています。つまり,everyone *study* English の部分は話者が想定した仮想の表現であり,話者が提案(propose)しても,**実際に誰もが英語を勉強するかどうかわからない**ことを示しています。

他にも,demand(要求する),order(命令する),suggest(提案する),insist(要求する),recommend(勧める),require(要求する)といった動詞に続く that ～ の中では動詞の原形(仮定法現在)が使われます。そのことで,**that ～ の部分は事実ではなく,あくまでも話者の想定であることが表されます**。なお,insist が「主張する」という意味の場合は,that ～ の中は直説法が使われます。

■ 助動詞を加える方法

ところが,困ったこともあります。先ほどの例文のように,I propose that everyone *study* English. であれば,*studies* となっていないことから,動詞の形が表す意味の違いに注意が向きます。しかし,study の主語が複数の場合,たとえば I propose that they *study* English. だと,study が「事実」を表す現在形なのか,「仮想」を表す原形なのか,少なくとも形の上では区別がつきません。そこで,

I propose that they *should study* English.
(私は，彼らが英語を勉強することを提案する)

のように「〜すべきだろう」「〜して当然だと思う」という意味の助動詞 should が加えられることがあります。そのことで，they *should study* English の部分は客観的事実ではなく，あくまでも話者が想定した仮想の表現であることが示されます。

ちなみに，この助動詞 should を補うやり方は，主にイギリス英語で用いられます。

I demand that the meeting *be* closed.
(私は，会議を閉会することを要求する)
→ アメリカ用法
I demand that the meeting *should be* closed.
(私は，会議を閉会することを要求する)
→ イギリス用法

■ 判断を示す文での仮想表現

また，natural（当然な），strange（おかしい），surprising（意外な），necessary（必要な），desirable（望ましい），important（重要な），curious（面白そうな），essential（本質的な），reasonable（納得のいく）などの判断の基準を示す形容詞が先行する that 〜 の中でも動詞の原形や should 〜 が用いられる場合があります。

たとえば，

It is *natural* that everyone (*should*) *study* English.
(誰もが英語を勉強するのは当然だ)

の文にも,「実際に誰もが英語を勉強するかどうかわからないが」という含みがあり, everyone (should) study English の部分は客観的事実ではなく話者の想定を言っています。もちろん,

> It is *natural* that everyone *studies* English.
> (誰もが英語を勉強しているのは当然のことだ)

と that ～ の部分の動詞が現在形 (studies) であれば, これは話者の想定ではなく, 事実を表していることになります。

ワンポイントコラム⑪

仮定法による丁寧表現

よく, Will you ～? よりは Would you ～? の方が, Can you ～? よりは Could you ～? の方が丁寧だと言われます。これは, 仮定法の婉曲用法というものですが, 簡単に言えば「遠まわし」な表現のことです。では, 事実とは反する想定を表現する仮定法を用いることがなぜ「丁寧」な表現となるのでしょうか。

たとえば, テストの点が悪かった時に,「この点数はひどい!」と事実をストレートに言われるより,「あと～点あればよかったね」と言われた方が傷つかないでしょう。このように事実をストレートに表現せずに遠まわしに言うことが丁寧な表現になるのです。この「あと～点あればよかったね」という言い方は, 実際にはその点は取れていなかったのですから, 仮定法です。ですから, 仮定法は丁寧な表現となります。

Could you ～? は, オーバーに言えば「あなたがどのように思われるかわかりませんし, 実際そうなるかどうかわかりませんが, よければ～してくださいませんか」といったような丁寧な表現になるわけです。Can you ～? や Will you ～? は, 命令文よりはよいとしても, 意外にも, あまり丁寧な表現ではないのです。

III

文中でさまざまな働きをする動詞の変化形

不定詞，動名詞，分詞について

動詞の変化形である不定詞，動名詞，分詞は文中で語のまとまりを作って名詞，形容詞，そして副詞のような働きをします。この働きを理解することは，複雑な構造の英文を正確に理解するために必要です。本章では，英語力のステップアップのカギとなる不定詞，動名詞，分詞について，それぞれの文法的意味と用法を学びます。

1　語のまとまり

　不定詞，動名詞，分詞は文中でさまざまな働きをしますが，多くの場合，他の語と一緒になって語のまとまりを作ります。そこで，不定詞，動名詞，分詞の文法的意味の説明に入る前に，文中での語のまとまりについて簡単に説明しておきましょう。

■ 句と節
　いくつかの語がまとまって1つの語のような働きをするものに，句や節があります。両者の違いは，節はそのまとまりの中に主語と動詞を含んでいるという点にあります。

　　He played tennis *yesterday*.
　　（彼は昨日テニスをした）
　　He played tennis *in the morning*.
　　（彼は午前にテニスをした）
　　He played tennis *when he was young*.

Ⅲ 文中でさまざまな働きをする動詞の変化形

(彼は若いころテニスをした)

　上の文の yesterday, in the morning, when he was young は, どれも動詞 played を修飾するという点で同じ働きをしています。第1文の yesterday は1つの「語」です。第2文の in the morning は3つの語がまとまって yesterday と同じく1つの語のような働きをしている「句」です。第3文の when he was young も4つの語がまとまって yesterday と同じく1つの語のような働きをしていますが, ここには主語 (he) と動詞 (was) が含まれているので「節」となります。

POINT

句 → いくつかの語がまとまって, 1つの語のような働きをするもの。

節 → いくつかの語がまとまって, 1つの語のような働きをするもの。その中に主語と動詞を含む。

■ 名詞, 形容詞, 副詞の働きをする句・節

　句や節は, 文中で主に名詞, 形容詞, 副詞に相当する働きをします。名詞, 形容詞, 副詞は次の章で扱いますが, ここでは簡単に次のように説明しておきましょう。

　　名　詞 → ものの名前や「〜すること」を表す。
　　形容詞 → 名詞の性質や状態などを限定または叙述する。
　　副　詞 → 主に動詞を, 他にも形容詞や副詞を修飾する。語だけでなく句や節を修飾することもある。

まず，文中で名詞の働きをする句や節ですが，次の文を見てください。

I know *Mike*.
(私は**マイク**を知っている)
I know *how to play tennis*.
(私は**テニスのしかた**を知っている)
I know *that Mike plays tennis*.
(私は**マイクがテニスをすること**を知っている)

第1文の Mike は名詞です。第2文の how to play tennis と第3文の that Mike plays tennis は，それぞれの文中で第1文の Mike と同じ働きをしています。したがって，名詞の働きをする語のまとまりである how to play tennis は「名詞句」，そして，名詞の働きをする語のまとまりに主語（Mike）と動詞（plays）が含まれている that Mike plays tennis は「名詞節」となります。

次は，文中で形容詞の働きをする句や節です。

This is an *interesting* book.
(これは**面白い**本です)
This is a book *interesting to me*.
(これは**私には面白い**本です)
This is a book *that is interesting to me*.
(これは**私には面白い**本です)

第1文の interesting は，名詞 book の性質を限定する形容詞です。第2文の interesting to me も，第3文の that is interesting to me も同じく名詞 book の性質を限定しているので形容詞

の働きをしていますが，interesting to me は語のまとまりなので「形容詞句」，that is interesting to me は主語（that）と動詞（is）を含む語のまとまりなので「形容詞節」です。形容詞句や形容詞節は，それが限定する名詞の直後に置きます。

最後に，文中で副詞の働きをする句や節です。

> He played tennis *yesterday.*
> （彼は昨日テニスをした）
> He played tennis *in the morning.*
> （彼は午前にテニスをした）
> He played tennis *when he was young.*
> （彼は若いころテニスをした）

この3つの文は本章の最初に挙げたものですが，第1文のyesterday と第2文の in the morning, 第3文の when he was young はそれぞれ動詞 played を修飾する副詞の役割をしています。そして，in the morning は語のまとまりなので「副詞句」，when he was young は主語（he）と動詞（was）を含む語のまとまりなので「副詞節」です。

■ 句・節の文中での働きの区別

同じ語でも，文中での働きによって，名詞にも，形容詞にも，副詞にもなることがあります。たとえば，*Tomorrow* is another day.（明日は別の日だ）の tomorrow は，文中で「〜は」にあたる主語の働きをしている名詞です。We will play tennis *tomorrow.*（明日，テニスをしよう）となれば，この tomorrow は動詞 play を修飾している副詞です。つまり，tomorrow という1つの語が，文により異なる働きをしています。

同じように，語のまとまりが名詞，形容詞，副詞のいずれの用法なのかは文中での働きで決まります。ですから，**英文の意味を正確に理解するには，語，句，節が文中でどのような働きをしているのかを見ていくことが重要**です。

　次の例文を見てください。

Walking along the street is a lot of fun.
(通りを歩くことはとても楽しい)
→ walking along the street は主語の働きをしているので，名詞的な働きをする句［名詞句］

I know the boy *walking along the street*.
(通りを歩いている少年を私は知っている)
→ walking along the street は名詞 boy を限定しているので，形容詞的な働きをする句［形容詞句］

Walking along the street, I saw her.
(通りを歩いていると，私は彼女に会った)
→ walking along the street は動詞 saw を修飾しているので，副詞的な働きをする句［副詞句］

　上の3つの例文では，walking along the street という語のまとまりが，それぞれ名詞，形容詞，副詞に相当する句として使われています。このように，文中での働きから walking along the street の用法が判断できるのです。

　文中での語のまとまりの働きが理解できたところで，不定詞，動名詞，分詞の説明に進みましょう。

III 文中でさまざまな働きをする動詞の変化形

2 不定詞

1 不定詞の形と基本的な働き

■ 不定詞の「不定」の意味

can play（助動詞＋動詞の原形）や to play（to＋動詞の原形）の play（動詞の原形）を「不定詞」と言います。動詞の原形なので、いつも同じ形をしているのですが、どうして「不定（定まらない）詞」と言うのでしょうか。

動詞の語形から、主語の人称、主語の数、動詞の時制、動詞の態、動詞の法といった文法的意味が読み取れることはⅠ章で学びました。He plays tennis. の plays という形から「三人称・単数・現在・能動・事実」という動詞の文法的な働きがわかります（☞ p. 5）。では、次の各文を見てください。

I *want* to *play* tennis.
I *wanted* to *play* tennis.
He *wants* to *play* tennis.
He *wanted* to *play* tennis.

この4つの文では、want/wants/wanted の動詞の形から主語の人称と数（I か he か）や動詞の時制（現在か過去か）などがわかります。しかし、play は動詞の原形でどれも同じ形なので、play だけを見てもそういったことはわかりません。語形変化しない動詞からは、主語の人称・数や動詞の時制が定まらないの

で，この play（動詞の原形）のことを「不定詞」と言うのです。

不定詞には to に続く「to 不定詞」と，to のつかない「原形不定詞」がありますが，本書では to 不定詞について説明します。

■ to 不定詞の 3 つの用法

to 不定詞は，文中で名詞，形容詞，副詞のいずれかの働きをします。まずは，名詞として働く不定詞です。

I want *an apple*.（私はリンゴを欲しい）
I want *to eat an apple*.（私はリンゴを食べたい）

ここでは an apple と to eat an apple が文中で同じ働きをしていますが，もう少しわかりやすくするために 2 番目の文を超直訳してみましょう。

I want *to eat an apple*.
《超直訳》私はリンゴを食べることを欲しい。
 ⇒ 私はリンゴを食べたい。

この超直訳から，to eat an apple（リンゴを食べること）が，I want an apple. の an apple（リンゴ）と同じ働きをしていることが明らかになります。もちろん apple は名詞なので，この to eat an apple という語のまとまりは名詞の働きをする to 不定詞，つまり「to 不定詞の名詞的用法」です。

では，次の 2 つの文を見てください。

He kept his *final* promise.
（彼は**最後の**約束を守った）

He kept his promise *to eat an apple.*
(彼はリンゴを食べる約束を守った)

final と to eat an apple は両方とも名詞 promise を限定する形容詞の働きをしています。したがって，この to eat an apple は，形容詞の働きをする to 不定詞，つまり「to 不定詞の形容詞的用法」です。

最後に，to 不定詞の副詞的な働きを見ましょう。

He came here *yesterday.*
(彼は昨日ここに来た)
He came here *to eat an apple.*
(彼はリンゴを食べにここに来た)

第2文の to eat an apple は，第1文の yesterday と同じく動詞 came を修飾する副詞の働きをしており，この to eat an apple は副詞の働きをする to 不定詞，つまり「to 不定詞の副詞的用法」となります。

まとめると次のようになります。

I want *to eat an apple.*
(私はリンゴを食べたい)
→ to eat an apple は名詞の働きをする語のまとまり
→ to 不定詞の名詞的用法

He kept his promise *to eat an apple.*
(彼はリンゴを食べる約束を守った)
→ to eat an apple は名詞 promise を限定する形容詞の働き

をする語のまとまり
→ to 不定詞の形容詞的用法

He came here *to eat an apple.*
(彼はリンゴを食べにここに来た)
→ to eat an apple は動詞 came を修飾する副詞の働きをする語のまとまり
→ to 不定詞の副詞的用法

それぞれの文の中で，to eat an apple という to 不定詞を含んだ語のまとまりが名詞，形容詞，副詞の働きをしています。これが，名詞的用法，形容詞的用法，副詞的用法という to 不定詞の3つの用法です。

ワンポイントコラム⑫

不定詞の訳し方

　不定詞を習うときに，名詞的用法は「～すること」，形容詞的用法は「～するための，～すべき」，副詞的用法は「～するために，そして～する」などと訳すように教わります。英文の意味を理解したかどうかを確認するために日本語に訳してみることは重要な方法の1つですが，用法や訳にこだわりすぎるとかえって悩んでしまうこともあります。

　たとえば，He bought some books to read. の to read の部分は，「読むための（本）」か，「読むために（買った）」か迷うところです。この場合は，books と to read が to read books のような関係になるので，「読むための本」と訳すように学校では教わります。

　もし，このような区別で悩むようでしたら，不定詞のエッセンスを理解したうえで，頭から英文を訳してみてください。He bought some books to read. を「彼は本を買って，読もうとした」とするのです。この訳から to ～ が未来的というニュアンスが伝わってくるでしょう。

2 to 不定詞の文法的意味

> **ESSENCE**
>
> 「to 不定詞」のエッセンス
>
> to 不定詞には「これから〜する」という未来的な含みがある。そこから、「まだ〜していない」「実際に〜するかどうかわからない」という不確定の含みをもつ。

■ 未来的な含みをもつ to 不定詞

to 不定詞の文中での働きが理解できたところで、その文法的意味の説明に入りましょう。

次の文を見てください。

> I am walking *to* the station.
> （私は駅に歩いて行っているところだ）
> I want *to* eat an apple.
> （私はリンゴを食べたい）

両方の文に to が用いられていますが、上の文の to は前置詞で、下は to 不定詞の to と説明されます。そして、前置詞の to の次には名詞、to 不定詞の to の次には動詞の原形が来ると教わります。

両方の文に共通して to が用いられる理由を考えてみましょう。まず、これらの文を3つの部分に分けてみます。

<u>I</u>　<u>am walking</u>　　<u>to the station.</u>
私は　歩いて行っている　　　　駅に

<u>I</u>　　　　<u>want</u>　　　　<u>to eat an apple.</u>
私は　　　欲しい　　りんごを食べることを

　上の文のto the stationは，walkという**動きが向かう目的地（到着点）**を表します。つまり，駅に向かって歩いて行くのです。一方，下の文のto eat an appleは，wantという**意識が向かう目的（対象）**が示されています。つまり，りんごを食べることに気持ちが向いているのです。

　walkという「体の動き」であれ，wantという「心の向き」であれ，両方ともto以下の部分がその「目的（地）・到着点」になっていることには違いありません。したがって，この2つの文に共通するtoの根本イメージは**「動きや意識の向く先」**と考えることができます。

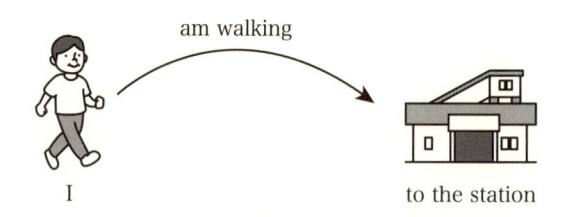

I am walking <u>to</u> the station.
動きが「駅」に向かっている

（空間的）　現在地　→　目的地・到着点（＝駅）
（時間的）　現時点　→　これから（未来）

　この図からわかるように，I am walking to the station. という

94

Ⅲ　文中でさまざまな働きをする動詞の変化形

文からは、次の３つの点が読み取れます。

・the station が walk の向かう目的地であり、現在地から目的地に動作が向かっている
・walk という動きは駅に到着する（目的を達成する）までずっと続くことが予想される
・I am walking to the station. と言う時点では、駅への到着はこれから先（未来）のこと

では、I want to eat an apple. はどうでしょうか。

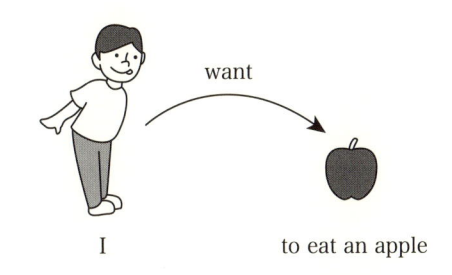

I want <u>to</u> eat an apple.
意識が「リンゴを食べること」に向かっている

(状況的)　現在の状態（願望）　→　求めている状態（目的）
　　　　　　　　　　　　　　　　　（＝リンゴを食べること）
(時間的)　現時点　　　　　　　→　これから（未来）

この文も「駅へ歩いて行く」場合と同じように解釈できます。

・eat an apple が want の目的であり、現時点の状態である願望から「リンゴを食べる」という目的に意識が向かっている
・want という気持ちはリンゴを食べる（目的を達成する）まで

ずっと続くことが予想される
・I want to eat an apple. と言う時点では，リンゴを食べるのはこれから先（未来）のこと

このように，「動き」が向かっていくのか，「意識・気持ち」が向かっていくのかという差はあるものの，本質的に前置詞の to と to 不定詞の to は「〜までずっと続く」という点で同じものと考えてよいでしょう。

ここに時間を組み込むと，to〜 によって表される時間は「これから向かう先」，すなわち「未来」となります。よって，**to 不定詞は「これから〜する」という未来的な含みをもつのです。**

■ **不確定なことを表す to 不定詞**

to 不定詞の「これから〜する」という未来的な文法的意味は，逆に言えば，「まだ〜していない」ということでもあり，そこから「実際に〜するかどうかわからない」という含みが生じます。この点も，to 不定詞を理解するうえで重要なポイントです。

He promised to help me.
《超直訳》彼は，これから私を助けることを約束した。
　　　⇒ 彼は私を助けると約束した。

この文では，「私を助ける」ことは「約束した」時点から先（未来）のことです。そして，その「約束した」時点では，実際に「私を助ける」かどうかという保証はありません。

He went to America to study English.
《超直訳》彼は，これから英語を勉強しようとアメリカに行

った。
⇒ 彼は英語を勉強しにアメリカに行った。

ここでも,「アメリカに行った」時には「これから英語を勉強するぞ」と思っていても,実際にはまだ勉強を始めていないので,本当に勉強するかどうかはその時点では定かではありません。

このように, to 不定詞が指し示す内容は未来的であり, そこから不確定なことであるという含みをもちます。

■ 意識の方向を表す to 〜

「これから〜する」という未来の含みから, さまざまな to 不定詞の用法が理解できますが, 中にはわかりにくいものもあります。それは, I am glad *to see you.* や You are stupid *to say such a thing.* といった to 不定詞の用法です。

これらの用法について, 参考書にはふつう「原因や判断の根拠・理由を表す」と説明されています。そうすると, to 不定詞は未来的であるというこれまでの説明に矛盾するような感じがします。たしかに, I am glad *to see you.* を「**あなたに会えてうれしい**」だとか, You are stupid *to say such a thing.* を「**そんなことを言うなんて君はばかだ**」のように, to see you や to say such a thing の部分をひっくり返して訳すと, to 〜 の部分が「未来的」なことを表しているようには感じられません。

そこで, I am glad to see you. にしても You are stupid to say such a thing. にしても, to 〜 の部分は「話者の意識の方向」を表すと考えてみてはどうでしょう。glad や stupid と言ったときに, 話者の意識が向かっていく先がこの to 〜 の部分だと考えるのです。つまり, I am glad to see you. は「うれしい」という気持ちが「あなたに会うこと」に向かっており, そこで「あなたに

会えてうれしい」となります。You are stupid to say such a thing. は「ばかだな」と言う時，その気持ちが「そんなことを言うなんて」に向かっている。ですから，「そんなことを言うなんて君はばかだな」となるのです。

このように解釈してみると，これらの例文からも，先に述べたように「to は話者の意識が向かう先を示す」という to 不定詞のイメージがつかめると思います。

ワンポイントコラム⑬

be to～

「予定，運命，可能，意志，義務，命令」などの用法がある be to～は，「～に向いた (to～) 状態にある (be)」ということから「未来の行動」を表します。この「予定」「運命」などといった用法は be to～の本質的な性質からではなく，あくまでも前後関係や特定の語句の意味により決定されるものです。

He *is to* do it *next month*. の be to～は next month（来月）という語から「予定」だと判断できるでしょう。また，You *are to* do it *before dark*. を「暗くなる前にしなければならない」と考えれば，この be to～は「命令」となるでしょうし，他の解釈も可能です。

不定詞の文法的意味は「未来的」ですが，そこから思い浮かぶものは助動詞です。助動詞にも「未来的」な文法的意味があったことを思い出してください（☞ p.51）。そこで，be to の部分に意味の近い適当な助動詞に入れ替えてみると文の理解が容易になります。

　　He *is to* do it next month. → He *will* do it next month.

　　You *are to* do it before dark. → You *must* do it before dark.

しかし，be to は助動詞とまったく同じだというわけではありません。be to～は助動詞のように主観的な希望を表すのではなく，「～する状態にある」という客観性の強い予定や可能性を示します。

3 動名詞

① 動名詞の形と基本的な働き

■ 名詞の働きをする ～ing 形

　動名詞の形は「動詞の原形＋ing」で，進行形をつくる現在分詞（～ing）と同じ形をしています。そこで，最近の英語圏で出版されている英文法書では，動名詞と現在分詞を区別せず，両者を「～ing 形」という項目で一括して扱っているものがあります。しかし，動名詞と現在分詞は同じ形をしていますが，生まれも違えば働きも異なるので，本書では別個に扱います。

　動名詞は，その名称からも明らかなように，**動詞が名詞化したもの**です。

　　She likes *music*. (彼女は**音楽**が好きだ)
　　She likes *singing*. (彼女は**歌うこと**が好きだ)

　　She is interested in *music*. (彼女は**音楽**に興味がある)
　　She is interested in *singing*. (彼女は**歌うこと**に興味がある)

　上の例文に見るように，それぞれの文中で動名詞 singing は名詞 music と同じ働きをしています。

■ to 不定詞と動名詞

このように,動名詞は文中で名詞の働きをするものですが,to 不定詞の名詞的用法とどこが違うのでしょうか。両者を比べることで,動名詞の文法的意味のエッセンスが明らかになります。

to 不定詞 (to ~) と動名詞 (~ing) の意味が異なる代表例として,参考書では次のような例文をよく見かけます。

He may remember *to meet* her here today.
(彼は今日彼女とここで会うことを覚えているかもしれない)
He may remember *meeting* her here ten years ago.
(彼は10年前に彼女とここで会ったことを覚えているかもしれない)

to 不定詞 (to meet) を用いた文は「これから会う」ことを覚えているという「未来のこと」を表しています。つまり,「まだ会っていない」し,「会うかどうかわからない」のです。これは,すでに見た to 不定詞の文法的意味の通りです (☞ p. 93)。

それに対して,動名詞 (meeting) を用いた文は「すでに会った」ことを覚えている,つまり,meeting は「過去のこと」を表しています。この対の関係から,「to 不定詞は未来,動名詞は過去」と教えられることもあるようですが,ここまではっきりと言い切るのは危険です。

to 不定詞と動名詞の本質的な違いを考えるために,目的語に to 不定詞をとる動詞と動名詞をとる動詞を比べてみましょう。まず,動詞の次に to 不定詞が来るものとしては,

agree to ~ (同意する), attempt to ~ (試みる), decide to ~ (決心する), desire to ~ (希望する), expect to ~ (予期

III 文中でさまざまな働きをする動詞の変化形

する), hesitate to 〜（躊躇する), hope to 〜（望む), learn to 〜（できるようになる), manage to 〜（なんとかする), mean to 〜（本気である), pretend to 〜（ふりをする), offer to 〜（申し出る), promise to 〜（約束する), refuse to 〜（拒絶する), seek to 〜（しようと努める), wish to 〜（望む)

などがあります。これらの動詞に共通した意味は，すべて「これから〜する」ことを決定したり，約束したりするということです。この点からも，「未来的」で「不確定的」な to 不定詞の文法的意味が確認できます。

次に，動名詞を目的語にとるものですが，

admit 〜ing（認める), advise 〜ing（助言する), allow 〜ing（許す), avoid 〜ing（避ける), consider 〜ing（考える), deny 〜ing（否認する), enjoy 〜ing（楽しむ), escape 〜ing（のがれる), excuse 〜ing（許す), forbid 〜ing（禁じる), finish 〜ing（終える), give up 〜ing（あきらめる), imagine 〜ing（想像する), mind 〜ing（いやだと思う), miss 〜ing（しそこなう), permit 〜ing（許可する), postpone 〜ing（延期する), practice 〜ing（練習する), put off 〜ing（延期する), repent 〜ing（後悔する), stop 〜ing（やめる), suggest 〜ing（ほのめかす)

などがあります。

では，ここに挙げた「動名詞を目的語にとる動詞」から，動名詞の文法的意味をどのように解釈できるでしょうか。

2 動名詞の文法的意味

ESSENCE

「動名詞」のエッセンス

動詞が名詞化した動名詞は「事実」を表す。

■ 事実を表す動名詞

　前ページに挙げた動名詞（〜ing）をとる動詞の中には、「〜したことを認める（admit 〜ing）」や「〜したことを否認する（deny 〜ing）」のように 〜ing の部分が「過去にやったこと」をはっきりと示すものがあります。ここだけに注目すれば「動名詞は過去」と言ってもよさそうです。

　しかし、enjoy 〜ing や stop 〜ing は「現在していること」を楽しんだり、やめたりするわけですから、「過去のこと」とは言えません。そこで、動名詞を「過去のこと」といった時間的な視点から考えるのではなく、「不確定なこと」を表す to 不定詞に対して、動名詞は「事実」を表すと言ってはどうでしょう。そうすれば、「過去にやったこと」も「現在していること」も事実ですから、動名詞で表現することの説明がつきます。

　to 不定詞の名詞的用法はあくまでも「名詞的な用法」であって名詞ではありません。しかし、動名詞は動詞が名詞化したものであり、そこから「事実」を表すのです。

■ 想定されたことも表す動名詞

　ところで、動名詞をとる動詞の中には、avoid 〜ing（〜するこ

とを避ける）や mind 〜ing（〜することをいやだと思う）のように，「これから〜すること」を避けたり気にしたりというような感じがするものもあります。これは，どのように説明すればよいのでしょうか。

「事実」を表す動名詞は，現在の事実や過去の事実に加えて「想定されたこと」も表すと考えればよいのです。たとえば，We will avoid making trouble.（私たちは問題を引き起こすことを避けよう）は，「問題を引き起こすこと（making trouble）」を事実として想定し，それを避けようとすることです。「避ける（avoid）」とは目の前にある障害物をよけていくことですから，この場合は「問題を引き起こすこと」が目の前にあると想定して，それを avoid するのです。

また，mind を用いた Would you mind opening the window?（窓を開けてくださいますか）という文では，「窓を開けること（opening the window）」が想定されています。つまり，「あなたが窓を開けること」を心に描きつつ，「あなたは窓を開けることをいやだと思いますか」と言っているのです。

■ わかりにくい to 不定詞と動名詞の違い

以上の点から，「〜すること」と似たような訳になっても，to 不定詞の名詞的用法と動名詞の文法的意味は本質的に異なることが理解できたと思います。

では，練習問題です。「彼の趣味はテニスをすることです」を英作文してください。

「すること」となっているので，動名詞を使って His hobby is *playing* tennis. としても，to 不定詞の名詞的用法を用いて His hobby is *to play* tennis. としても，どちらでもよさそうに思えますが，to 不定詞と動名詞の文法的意味から考えてみましょう。

問題文の「テニスをすること」は彼の「趣味」ですから，彼がふ・つ・う・やっている習慣的な「事実」であって，「これからやるぞ」という不確定な未来のことではありません。ですから，事実を表す動名詞を用いた，「彼の趣味は（ふつう）テニスをすることです」という意味の His hobby is playing tennis. の方が自然です。この場合の動名詞が示す事実は「習慣的な現在の事実」ということになります。

　では，次の各組の文の違いも考えてみてください。

　　I *like to drink* coffee.
　　I *like drinking* coffee.

　　I *hate to say* such a thing.
　　I *hate saying* such a thing.

　　I *went on to talk*.
　　I *went on talking*.

　I like to drink coffee. を「私はコーヒーを飲むのが好きだ」と訳すと，I like drinking coffee. との区別が難しくなります。to 不定詞を用いた I like to drink coffee. の方には「これから飲もう」という未来的な含みがあるので，「コーヒーが飲みたい」「コーヒーをいただきましょう」と言う場合に適切な表現です。それに対し，習慣的な事実を表す動名詞を用いた I like drinking coffee. の方は「ふつうは，コーヒーを飲むことが好き」ということですから，こちらは「私はコーヒーを飲むのが好きだ」や「コーヒーを飲むのを楽しんでいる」と訳せます。

　I hate to say such a thing. と I hate saying such a thing. の場

合も同じです。習慣的な事実を表す動名詞を用いた I hate saying such a thing. の方は「そんなことを言うのは（ふつうは）嫌いです」と主義主張を申し述べるような言い方になりますが、to 不定詞を用いた I hate to say such a thing. の方は「そんなことを（これから）言いたくはない」と未来的なニュアンスが出ます。ですから、I hate to say this, but you are fired. は「これは言いたくはないのですが、あなたはクビです」という意味です。

I went on to talk. と I went on talking. の違いですが、動名詞は事実を表すので、I went on talking. の方は「これまで話していた」という事実をさらに続けた、つまり「私は話し続けた」ことになります。それに対し、「これからやるぞ」という to 不定詞を使った I went on to talk. は「何かに続いて（続けて）私は話した」となります。

以上の点からも、to 不定詞は「未来的」であり、そこから「実際に〜するかどうかわからない」という不確定な内容を表すのに対して、動名詞は「事実（こと）」を表していることが確認できたと思います。

ワンポイントコラム⑭

動名詞の受動態的用法

受動態というと「be＋過去分詞」という形を思い出しますが、動名詞が受動態の意味になる場合があります。たとえば、The watch needs repairing.（その時計は修理が必要だ）の needs repairing は直訳すれば「修理することを必要とする」となりますが、時計が自ら修理することはないので「修理されることが必要」と受動態的な意味になります。

受動態の形をより鮮明にするために、不定詞を用いて The watch needs to be repaired. という表現もあります。

4 分詞

1 分詞の形と基本的な働き

■ 形容詞と副詞の働きをする分詞

分詞には現在分詞（〜ing）と過去分詞（〜ed）があり，文中では形容詞や副詞に相当する働きをします。特に，副詞的な働きをする分詞を含む句を「分詞構文」と呼びますが，この点については後で述べます（☞ p. 117）。

分詞が形容詞として使われる場合には，形容詞と同じように限定的な用法と叙述的な用法とがあります（☞ p. 147）。まず，名詞の性質や状態を限定する用法を見ましょう。

形容詞
   a *big* book（大きな本）
   → big は book を限定する

   a book *on the table*（テーブルの上の本）
   → on the table は book を限定する［句なので後置］

現在分詞
   a *sleeping* boy（眠っている少年）
   → sleeping は boy を限定する

a boy *sleeping on the bed*（ベッドで眠っている少年）
　→ sleeping on the bed は boy を限定する［句なので後置］

過去分詞
　a *broken* window（割れた窓）
　→ broken は window を限定する

　a window *broken into pieces*（こなごなに割れた窓）
　→ broken into pieces は window を限定する［句なので後置］

　上の big, on the table, sleeing, sleeping on the bed, broken, broken into pieces は，名詞（book, boy, window）を限定するという点ですべて同じ働きをしています。
　また，名詞の性質や状態を叙述する用法は次のようになります。

形容詞
　The book is *big*.（その本は**大きい**）
　→ big は the book の性質を叙述する

　The book is *on the table*.（その本は**テーブルの上にある**）
　→ on the table は the book の状態を叙述する

現在分詞
　The boy is *sleeping*.
　（その少年は**眠っている**）
　→ sleeping は the boy の状態を叙述する

The boy is *sleeping on the bed.*
(その少年はベッドで眠っている)
→ sleeping on the bed は the boy の状態を叙述する

過去分詞
The window is *broken.*
(その窓は割れている)
→ broken は the window の状態を叙述する

The window is *broken into pieces.*
(その窓はこなごなに割れている)
→ broken into pieces は the window の状態を叙述する

ここでは，big, on the table, sleeping, sleeping on the bed, broken, broken into pieces が名詞（the book, the boy, the window）の性質や状態を述べているという点ですべて同じ働きをしています。
「be＋現在分詞」は進行形，「be＋過去分詞」は受動態を表すことはすでにご存じの通りですが，これらの進行形や受動態の文はこのような成り立ちでできているのです。

■ 自動詞と他動詞
分詞の文法的意味の説明に入る前に，そこで必要となる自動詞と他動詞の区別について簡単に述べておきます。
動詞には自動詞と他動詞があります。

He runs fast.（彼は速く走る）
→ この動詞 run は自動詞

He eats apples.（彼はリンゴを食べる）
　　→　この動詞 eat は他動詞

　これらを区別する方法として「自動詞は目的語をとらない，他動詞は目的語をとる」などと教わりますが，この言い方はあまり適切ではないと思います。というのは，同じ動詞でも状況次第では目的語をとったりとらなかったりするからです。

　　He sings well.（彼は上手に歌う）
　　→　この動詞 sing は自動詞［目的語なし］

　　He sings songs.（彼は歌を歌う）
　　→　この動詞 sing は他動詞［目的語は songs］

　そこで，逆の発想をして，**ある動詞に目的語があればその動詞は他動詞として使われていて，目的語がなければ自動詞として使われている**と考えてみましょう。つまり，He eats apples. や He sings songs. には apples や songs という目的語があるので，この場合の動詞 eat や sing は他動詞です。そして，He runs fast. や He sings well. には目的語がないので，この場合の動詞 run や sing は自動詞と考えます。つまり，自動詞と他動詞の区別を，文中で動詞がどのように使われているかという点から判断するのです。

　では，目的語とは何でしょうか。上の例文をもう少し詳しく見ましょう。

　　He runs fast.
　　→　動詞 run に対して「走るもの（he）」のみが登場

He eats apples.
→ 動詞 eat に対して「食べるもの (he)」と「食べられるもの (apples)」が登場

He sings well.
→ 動詞 sing に対して「歌うもの (he)」のみが登場

He sings songs.
→ 動詞 sing に対して「歌うもの (he)」と「歌われるもの (songs)」が登場

ここに出てくる「～されるもの」が目的語です。言うまでもなく,「～するもの」が主語です。

自動詞は「動作が他の何にも及ばない」ので,「～するもの (主語)」しか出てきません。それに対し,他動詞は「動作が他のものに及ぶ」ので,「～するもの (主語)」のほかに「～されるもの (目的語)」が必要になります。

このように「～されるもの」, すなわち目的語がある文の動詞が他動詞です。そして, 下の例のように, この「～されるもの (能動態の文の目的語)」を主語にして意味を変えずに文を作り換えると受動態の文となります。

能動態

He broke *the window*.

(彼が**窓を**割った)

→「～するもの」を主語にした文

Ⅲ　文中でさまざまな働きをする動詞の変化形

受動態

The window was broken (by him).

(窓は（彼によって）割られた)

→「〜されるもの」を主語にした文

② 分詞の文法的意味

ESSENCE

「分詞」のエッセンス

・現在分詞（〜ing）は「まだ終わっていない」状態，つまり「進行」や「継続」を表す。
・過去分詞（〜ed）は「すでに終わった」状態，つまり「完了」を表す。また，他動詞の過去分詞は「受動態」も表す。

■ 分詞と時間

　現在分詞，過去分詞はその名前から推測できるように，それぞれ現在，過去という時間に関係しています。現在分詞は「現在に起こっていること」から動作の進行や状態の継続を，過去分詞は「過去に起こったこと」から動作や状態の完了を表します。別の言い方をすれば，現在分詞は「まだ終わっていない」ことを，過去分詞は「すでに終わってしまった」ことを表すのです。

現在分詞

a *sleeping* boy（眠っている少年）

→ 進行状態を表す［まだ起きていない］

過去分詞
　a *broken* window（割れた窓）
　→ 完了状態を表す［すでに割れてしまっている］

このように、時という点から見ると、現在分詞と過去分詞の文法的意味を次のように示すことができます。

　現在分詞 → 動作の進行・状態の継続［まだ終わっていない］
　過去分詞 → 動作・状態の完了［すでに終わってしまった］

ここから、「be＋現在分詞（～ing）」が進行形、「have＋過去分詞（～ed）」が完了形となることが理解できるでしょう。

ところで、「be＋現在分詞（～ing）」が進行形となることから、現在分詞はいつも進行を表すように思いがちですが、それは間違いです。次の2つの句を比べてください。

　a boy *standing on the hill*（丘の上に立っている少年）
　a house *standing on the hill*（丘の上に立っている家）

両方とも同じように見えますが、微妙に違います。上の方は、The boy is standing on the hill.（その少年は丘の上に立っている）と「be＋現在分詞（～ing）」の進行形で言い換えることができますが、下の方は、The house stands on the hill.（その家は丘の上に立っている）と現在形を用いて言い換えなくてはなりません。

その理由は、Ⅰ章で学んだように、同じ stand という語を用いていても上の方は「動作」であり、下は「状態」だからです。簡単に言えば、少年はいつも丘の上に立っているわけでなく、その時だけたまたま立っていたのですから、一時性を強調する進行形

が用いられます (☞ p. 34)。しかし,家はいつも丘の上に立っている,つまり,いつも丘の上にあるので,「その時だけ」を強調する進行形は使えません。ですから,状態を表す動詞の現在分詞(〜ing)には「〜している」という進行の意味はありません。

■ 分詞と態

分詞の文法的意味についてもう1つ重要な点は,現在分詞は能動態を表し,過去分詞は受動態になるということです。ただし,これは他動詞のみについて言えることなので注意が必要です。

　他動詞の現在分詞
　　a boy *writing* a letter (手紙を**書いている**少年)
　　→ 能動態 (〜する) を表す

　他動詞の過去分詞
　　a letter *written* by a boy (少年によって**書かれた**手紙)
　　→ 受動態 (〜される) を表す

能動態か受動態かという点から見ると,他動詞の現在分詞と過去分詞の文法的意味は次のように示すことができます。

　他動詞の現在分詞 → 能動態 (〜する)
　他動詞の過去分詞 → 受動態 (〜される)

これに対し,自動詞の過去分詞には受動態の意味はありません。

　自動詞の過去分詞
　　fallen leaves (**散ってしまった**葉 [落ち葉])

→ 受動態（～される）ではない

　受動態は，能動態の文の目的語（～されるもの）を主語にして意味を変えずに言い換えたものです。自動詞には目的語（～されるもの）はないので，自動詞は受動態の文を作れません。**受動態の意味をもつのは他動詞の過去分詞のみであり，「be＋自動詞の過去分詞」には完了の意味しかないのです。**

POINT

自動詞の過去分詞は「完了」の意味だけ，他動詞の過去分詞は「完了」と「受動態」の意味をもつ。

　He is *gone*.

　（彼は行ってしまった）

　→ be＋自動詞（go）の過去分詞 → 完了

　This letter is *written* in English.

　（この手紙は英語で書かれている）

　→ be＋他動詞（write）の過去分詞 → 完了＋受動態

　「完了」と「受動態」の意味的な関係ですが，Ⅰ章で触れたように，受動態は「動作が終わった（完了）状態」のことです（☞ p.24）。This letter *is written* in English. とは手紙が書かれてしまったから言えることですし，The window *is broken*.（窓が割れている）も窓が割れてしまったあとでしか言えません。

　これは，形容詞として使われる過去分詞にも言えます。

過去分詞

　a *broken* window（割れた窓）

→ 完了状態を表す（すでに割れてしまっている）

→ 受動態を表す（誰かに割られた）

「be＋過去分詞」が表すそもそもの文法的意味は「完了」であり，他動詞の過去分詞の場合には意味的に受動態にもなるということです。

■ exciting と excited

現在分詞と過去分詞の用法が区別しにくいものに exciting/excited, surprising/surprised, interesting/interested などがあります。たとえば，「興奮する話」は an exciting story なのでしょうか，それとも an excited story でしょうか。

まず，The story is *exciting*. と The story is *excited*. のどちらが正しいのか考えてみます。ふつうに考えて「話」は「興奮させる」方でしょうか，それとも「興奮させられる」のでしょうか。もちろん，話が「興奮させる」わけですから This story is exciting. の文が正しいわけです。そこで，「興奮する話」は an exciting story となります。ですから，an exciting story は，「興奮する話」よりも「興奮させる話」の方がより正確な訳です。

では，「興奮した少年」はどうなるでしょう。同じように，少年が「興奮させた」のか「興奮させられた」のかと考えれば，少年は「興奮させられた」方ですから，The boy is excited. となり，「興奮した少年」は an excited boy となります。これも「興奮した少年」ではなく，正確に言えば「興奮させられた少年」です。このような exciting/excited などの区別は，「させる（能動態）」方なのか「させられた（受動態）」方なのかを考えると理解しやすくなります。

最後に，分詞の文法的意味をまとめておきましょう。

	時	態（他動詞のみ）
現在分詞 （〜ing）	進行・継続 （まだ終わっていない）	能動 （〜する・〜させる）
過去分詞 （〜ed）	完了 （すでに終わった）	受動 （〜された・〜させられた）

ワンポイントコラム⑮

「〜してもらう」「〜される」の文

I had my watch repaired.（私は時計を修理してもらった）のような形の文があります。過去分詞 repaired（修理される）の意味上の主語は my watch で，ここには My watch is repaired.（私の時計が修理される）という受動態の関係が隠れています。つまり，I had my watch repaired. は「My watch is repaired. ということを私はもった（I had）」ということです。

I had *my watch repaired.*

《超直訳》私は，私の時計が修理されるということをもった。
　　　　⇒ 私は時計を修理してもらった。

同じように，I had my watch stolen.（私は時計を盗まれた）の文でも，my watch と stolen には受動態の関係が隠れています。

I had *my watch stolen.*

《超直訳》私は，私の時計が盗まれるということをもった。
　　　　⇒ 私は時計を盗まれた。

受動態の意味が利益（〜してもらう）か不利益（〜される）かは文脈によります。

3 分詞構文

> **ESSENCE**
>
> 「分詞構文」のエッセンス
>
> 分詞構文は，2つのことが「同時に起こっている」，あるいは「続いて起こる」ことを表す。

■ 副詞の働きをする分詞構文

分詞の項目の最後に分詞構文について説明しましょう。次の2つの文を比べてください。

Yesterday I saw her.
(昨日，私は彼女に会った)
Walking along the street, I saw her.
(通りを歩いていると，私は彼女に会った)

下の文では，現在分詞 walking を含んだ walking along the street の部分が上の文の yesterday と同じ働きをしています。つまり，walking along the street は副詞句として動詞 saw を修飾しています。このように，分詞を含んだ句が副詞的な働きをするものを「分詞構文」と呼びます。

■ 「同時に起こっている」ことを表す分詞構文

分詞構文は，文中で時，理由，条件などを表す副詞的な働きをすると学校では教わりますし，参考書にもそう書いてあります。

また，接続詞を用いての言い換えもよくされます。しかし，分詞構文のエッセンスはむしろ接続詞を使わないところにあって，それは「**2つのことが同時に起こっている**」，あるいは「**2つのことが続けて起こる**」ということです。

「2つのこと」の関係はあえてはっきり示されないのですから，前後関係から読み取る必要があります。「時」や「理由」というのはこの関係を分類したものなのです。上の例文の Walking along the street, I saw her. は文脈次第で「時」にも「理由」にもとれますが，「2つのことが同時に起こっている」ことを表すという分詞構文のエッセンスを考えるなら，「通りを歩いていると，私は彼女に会った」と訳すのがぴったりでしょう。

分詞構文は必ずしも文頭に来るとは限らず，文末にも文中にも来ることがありますが，その働きには変わりがありません。たとえば，He is sitting on the sofa, *closing his eyes.*（彼は目を閉じて，ソファーに座っている）の場合も，「ソファーに座っている」ことと「目を閉じている」ことは同時に起こっています（with を用いた付帯状況は ☞ p. 195）。

また，分詞構文は現在分詞だけではなく，過去分詞による分詞構文もあります。その場合は，*Written in German,* this book is hard to understand.（ドイツ語で書かれているので，この本は理解しづらい）のように受動態の意味になります。

5 不定詞, 動名詞, 分詞の共通項目

本章の最後に, 不定詞, 動名詞, 分詞に共通する文法項目である「意味上の主語」「否定の表現」「完了形」について, それぞれの項目別にまとめて説明します。

1 不定詞, 動名詞, 分詞の意味上の主語

不定詞, 動名詞, 分詞は, 動詞が変化してできたものなので動詞の性質を残しています。動詞には必ず動作主を表す主語があります。それは, 動詞に由来する不定詞, 動名詞, 分詞でも同じですが, それらの主語はどのように示されるのでしょうか。

■ to 不定詞の意味上の主語

不定詞の意味上の主語は, 文意から推測できる場合は特に示しません。

> I want *to do it*.
> 《超直訳》私はそれをすることを欲しい。
> ⇒ 私はそれをしたい。
> → to do it の意味上の主語は I

この場合, to do it の意味上の主語は I で, 文の主語と一致しています。「それをする」のも, 「欲しい」のも「私」です。

では，I want him to do it. の場合はどうでしょう。この文では，him to do it が1つのまとまりとなっており，to do it の意味上の主語はIではなく him です。つまり，「彼がそれをすること (him to do it＝he does it)」を「私は欲しい (I want)」のです。

　I want *him to do it*.
　《超直訳》私は**彼がそれをすること**を欲しい。
　　　⇒　私は彼にそれをしてほしい。
　→ to do it の意味上の主語は him

　この文は，「欲しい」のは「私」で，「それをする」のは「彼」だということになります。
　このような形の文は他にもたくさんあります。たとえば，I expect him to help me. （私は彼が私を助けてくれることを期待している）や I consider him to be a good man. （私は彼がよい人だと思う）などの文でも，to help me や to be a good man の意味上の主語はその直前にある him です。
　ただし，例外が1つあって，I promise him to do it. は「私は彼に (him) それをすることを (to do it) 約束する」であり，to do it の意味上の主語は him ではなくIです。文の形も大切ですが，意味をしっかりと考えなければいけません。
　続いて，for 〜 で不定詞の意味上の主語を示す文を見ましょう。

　To do it is easy. ／ It is easy to do it.
　（[一般的に] それをするのは簡単だ）
　　→　一般論なので，to do it の意味上の主語は示さない

　この文の to 不定詞の意味上の主語を示すには，to do it の直前

Ⅲ　文中でさまざまな働きをする動詞の変化形

に for 〜 を置きます。

> *For him* to do it is easy. / It is easy *for him* to do it.
> （彼がそれをするのは簡単だ）
> → 一般論ではなく，to do it の意味上の主語は him であることを示す

また，形は似ていますが，It is foolish ... や It is kind ... のように形容詞（foolish, kind）が人の性質を表す場合，to 不定詞の意味上の主語は of 〜 で示します。

> It is foolish *of him* to do it.
> （彼はそれをするなんてバカだ）
> → to do it の意味上の主語は him であることを示す

この It is foolish of him to do it. は，He is foolish to do it. と言い換えることができます。一方，It is easy for him to do it. は *He is easy to do it. と言い換えられません。それは，easy は人の性質ではない，つまり，easy なのは「それをすること」であって「彼」ではないからです。

■ 動名詞の意味上の主語

動名詞の意味上の主語も，文意から推測できる場合は特に示しません。

> We insist on *going*.
> （私たちは行くことを主張する）
> → going の意味上の主語は we

動名詞の意味上の主語を明示する場合は，原則として，次のように所有格を用います。

　We insist on *his going.*
　（私たちは彼が行くことを主張する）
　→ going の意味上の主語は his

　動名詞はあくまでも名詞の一種なので，his book（所有格＋名詞）と同じ形である his going（所有格＋動名詞）が使われ，**his（所有格）が動名詞の意味上の主語になります。**ただし，口語では We insist on him going. のように，動名詞の意味上の主語に him（目的格）が好んで使われます。on の後ろには目的格が来る方がすわりがよいからでしょう。
　意味上の主語が代名詞でなく名詞の場合も同じで，We insist on Mike's going.（私たちはマイクが行くことを主張する）や We insist on our father's going.（私たちは父が行くことを主張する）のように，動名詞の意味上の主語には 〜's（所有格）を用いるのが原則です。ただし，これは堅苦しい印象を与えるようで，むしろ，We insist on Mike going. や We insist on our father going. といった 〜's にしない形もよく使われています。
　人以外のものを表す名詞の場合は，We were surprised at our train being late.（私たちの乗った列車が遅れたことに驚いた）の形がもっぱら使われ，所有格（our train's）にはしません。

■ **分詞の意味上の主語**
　分詞の意味上の主語も，文意から推測できる場合は特に示しません。

Walking along the street, I saw her.
(通りを歩いていると, 私は彼女に会った)
→ walking の意味上の主語は I であることがわかる

Left alone, she began to cry.
(ひとりにされて, 彼女は泣き出した)
→ left の意味上の主語は she であることがわかる

　分詞の意味上の主語を明示する場合は, 分詞のすぐ左側に意味上の主語となる名詞を置きます。

The sun setting, we went home.
(日が沈んだので, 私たちは家に帰った)
→ setting の意味上の主語は the sun

His eyes closed, he is sitting on the sofa.
(目を閉じて, 彼はソファーに座っている)
→ closed の意味上の主語は his eyes

2 不定詞, 動名詞, 分詞の否定表現

　次に, 不定詞, 動名詞, 分詞の否定の表現です。否定語（not や never）が不定詞, 動名詞, 分詞を打ち消す場合には, 否定語はそれらの直前に置かれます。

He promised to do it.
(彼はそれを**すること**を約束した)

He promised $\boxed{\text{not}}$ *to do it.*
(彼はそれをしないことを約束した)

I don't mind opening the door.
(ドアを開けることを私は気にしません)
I don't mind $\boxed{\text{not}}$ *opening the door.*
(ドアを開けないことを私は気にしません)

Knowing what to say, I remained silent.
(何を言うべきか知って，黙っていた)
$\boxed{\text{Not}}$ *knowing what to say*, I remained silent.
(何を言うべきか知らずに，黙っていた)

　否定の影響力が及ぶ範囲は，notの直後から次にくるピリオドやコンマのところまで（下の例文のイタリック体の部分）です。ですから，次のような違いには注意が必要です。

He did $\boxed{\text{not}}$ *promise to do it.*
(彼はそれをすると約束しなかった)
He promised $\boxed{\text{not}}$ *to do it.*
(彼はそれをしないと約束した)

　上の文ではnotの及ぶ範囲がpromise to do itなので「すると約束しなかった」となり，下の文ではnotの及ぶ範囲がto do itの部分だけなので「しないと約束した」となります。この2つの文は似ていますが，否定の及ぶ範囲（イタリック体の部分）が異なるので意味は当然違ってくるのです。

3 不定詞, 動名詞, 分詞の完了形

最後は, 不定詞, 動名詞, 分詞の完了形についてです。

■ 不定詞, 動名詞, 分詞の時間
不定詞, 動名詞, 分詞の時間は, 文の動詞の時間に一致します。

to 不定詞の場合

   He is said *to be* rich.
   (彼は金持ちだと言われている)
   → to be の時間は is の時間と一致して「現在」

   He was said *to be* rich.
   (彼は金持ちだと言われていた)
   → to be の時間は was の時間と一致して「過去」

動名詞の場合

   I am proud of *working* with you.
   (私はあなたと働いていることを誇りにしている)
   → working の時間は is の時間と一致して「現在」

   I was proud of *working* with you.
   (私はあなたと働いていることを誇りにしていた)
   → working の時間は was の時間と一致して「過去」

分詞の場合

   Living there, I know that store.

(そこに住んでいるので，私はその店を知っている)
→ living の時間は know の時間と一致して「現在」

Living there, I knew that store.
(そこに住んでいたので，私はその店を知っていた)
→ living の時間は knew の時間と一致して「過去」

■ **不定詞，動名詞，分詞の完了形**

He is said *to be* rich.（彼は金持ちだと言われている）の to be が示す時間は，文の動詞 is の時間と一致するので現在です。ですから，「彼が金持ち」なのと，「それが言われている」のが両方とも現在で同じ時間だということがわかります。では，「彼は**以前**金持ちだった（過去）と**いま**言われている（現在）」のように時間がズレている場合は，どのように表現すればよいのでしょうか。

Ⅱ章で説明したように，時間のズレを示すのは完了形を用います（☞ p. 68）。そこで，次のようにします。

to 不定詞の場合

He is said *to have been* rich.
（彼は［以前に］金持ちだったと言われている）
→ to have been の時間は is の時間（現在）よりも前

He was said *to have been* rich.
（彼は［以前に］金持ちだったと言われていた）
→ to have been の時間は was の時間（過去）よりも前

動名詞の場合

I am proud of *having worked* with you.

（私は［以前に］あなたと働いていたことを誇りにしている）
→ having worked の時間は is の時間（現在）よりも前

I was proud of *having worked* with you.
（私は［以前に］あなたと働いていたことを誇りにしていた）
→ having worked の時間は was の時間（過去）よりも前

分詞の場合

Having lived there, I know that store.
（［以前に］そこに住んでいたので，私はその店を知っている）
→ having lived の時間は know の時間（現在）よりも前

Having lived there, I knew that store.
（［以前に］そこに住んでいたので，私はその店を知っていた）
→ having lived の時間は knew の時間（過去）よりも前

　不定詞，動名詞，分詞の表す時間が，それを含む文の中心の動詞の時間と異なる，つまり，時間がズレている場合は，それを示すサインとして完了形が用いられるのです。

IV

名前と修飾の表現

名詞と冠詞，形容詞/副詞と比較について

これまで動詞の用法について学びました。本章では，英語の文を構成する要素として動詞と共に重要な役割を果たす名詞，形容詞，副詞について学びます。また，名詞とセットになっている冠詞について，そして，形容詞，副詞に関する重要な事項である比較についても，あわせて詳しく説明していきます。

1 名詞と冠詞

1 名詞の種類

　名詞とは「事物の名称を表す語」，つまり「ものやことの名を表す語」のことです。少し難しい言い方をすれば，「宇宙の森羅万象すべての存在や現象」の1つ1つにつけられた呼び名を表す語が名詞です。

　英文法では，一般に，名詞を普通名詞，集合名詞，抽象名詞，物質名詞，固有名詞の5つに分けます。ただし，その分類の方法については学者によって意見がまちまちです。そこで，本書では，まず，「1つのものだけを表す名詞」と「共通の性質をもつものをまとめて表す名詞」の2つに分けて考えてみます。

■1つのものだけを表す名詞

　Samuel Johnson（人名），London（地名），Oxford University（施設）などは，それのみに与えられた固有の呼び名，つまり，

ある1つのものだけに用いる名前です。このような語を固有名詞と言い、常に大文字で始めます。

He is Mike Smith.（彼はマイク・スミスです）の Mike Smith は、「彼」に与えられた固有の名前、すなわち固有名詞です。つまり、彼の名前は Mike Smith です。

もちろん、Mike Smith という名前の人はたくさんいるでしょう。しかし、Mike Smith という名前で呼ばれる「彼」は、この世に1人しかいません。Mike Smith という名前は、その「彼」だけに与えられた固有の呼び名なのです。ですから、He is Mike Smith. では、he＝Mike Smith の関係が成立します。

> **POINT**
>
> He is Mike Smith. では he＝Mike Smith となる。
> 固有名詞 Mike はこの世に存在する1人を指す。

■ 共通の性質をもつものをまとめて表す名詞

では、He is a student.（彼は学生です）の he と student はどのような関係なのでしょうか。この場合の student は、「彼」に与えられた固有の名前ではありません。つまり、彼は student という名前ではありません。

He is a student. が表す内容は、「彼」が student という名のグループの一員であるということです。Mike Smith のように1つのものだけを指す名前に対し、student は**共通の性質をもつものをまとめて表す名前**です。

この場合は、he＝student よりも、he⊂student と表した方が適切です（⊂は左側の要素が右側の要素に「含まれる」という記号）。つまり、「彼」は student という名で表される集合に含まれ

るということです。もちろん,「彼」以外にも student は無数に存在します。

> **POINT**
>
> He is a student. では he⊂student となる。
> he は普通名詞 student で表される集合の中の1つ。

■ 普通名詞

student のような,共通の性質をもつものをまとめて表す名詞を普通名詞と呼びます。英語では common noun と言いますが,common には「普通の」の他に「共通の」という意味があります。普通名詞は,common noun(共通の名詞)の名の通り,「共通の性質をもつもの」につけられた名前です。この「共通の名前」の意味を,上に挙げた student を例に説明しましょう。

この世に存在する「学生」はひとりひとり違います。この無数の異なる学生を「学校に所属してそこで学ぶ人」という共通の性

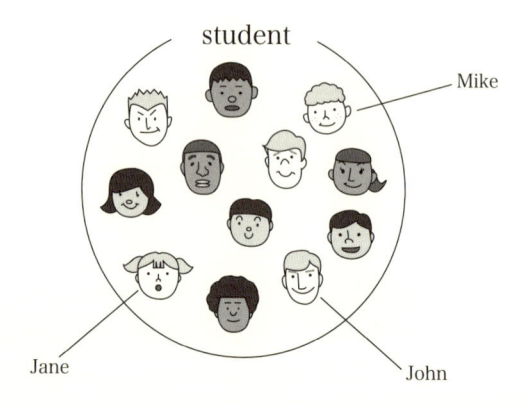

〔Mike is a student. John is a student. And Jane is a student. の図〕

質でひとくくりにして、その集合に"student"という名前をつけたというわけです。

ですから、Mike is a student. John is a student. And Jane is a student. と言うとき、Mike も John も Jane もいま挙げたような共通の性質をもった集合"student"の一員となります。

■ 集合名詞, 抽象名詞, 物質名詞

英語には、固有名詞と普通名詞の他に、集合名詞、抽象名詞、物質名詞があります。

集合名詞は、簡単に言えば、family, class, team, audience などの**集合を表す名詞**です。「集合」とは、複数の要素が1つにまとまったものです。family を例にとると、He has a big family.（彼は大きな家族をもつ）や His family is big.（彼の家族は大きい）の family は「家族」という1つのまとまり（集合）を意味します。この場合の family は、1つのまとまりを表すので単数です。

それに対し、All his family are pleased.（彼の家族の全員が喜んでいる）の family は「1つの家族の中の複数のメンバー」の意味であり、形は単数でも内容的に複数になります。これを、All his *families* are ... と family を複数形にすれば、彼は複数の家族をもっていることになります。

抽象名詞は、truth, goodness, beauty, health, love などの、**目に見えない抽象的な観念、具体的な形のないものを表す名詞**のことを言います。抽象名詞は形がないわけですから、「数」は問題になりません。

物質名詞は、paper, water, gold, bread などの、**一定の形や区切りのないものを表す名詞**のことを言います。一定の形や区切りがないわけですから、物質名詞は「数」ではなく、「量」が問題になってきます。

集合名詞，抽象名詞，物質名詞は，異なる点もありますが，いずれも普通名詞と同じように「共通の性質をもつもの」の名前を表すという点で一致しています。つまり，これらの名詞は，固有名詞のように「1つのものだけを表す」ものではありません。そこで，英語の名詞の種類を次のようにまとめることができます。

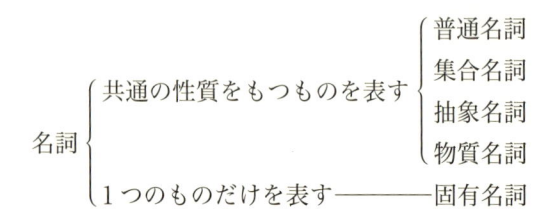

$$
\text{名詞}\begin{cases} \text{共通の性質をもつものを表す}\begin{cases}\text{普通名詞}\\ \text{集合名詞}\\ \text{抽象名詞}\\ \text{物質名詞}\end{cases} \\ \text{1つのものだけを表す} \text{――} \text{固有名詞} \end{cases}
$$

　ここまでは，名詞の意味内容による分類を見てきました。では，次に「数えられる」か「数えられない」かという点から名詞の文法的意味を考えてみましょう。

2 数えられる名詞と数えられない名詞

> **ESSENCE**
>
> 「数えられる名詞と数えられない名詞」のエッセンス
>
> ・数えられる名詞は「数」を，数えられない名詞は「量」「価値」「内容」などを問題とする。
> ・数えられる名詞は一定の形・区切りをもつので，最小の単位はそれ以上分けることができない。

IV 名前と修飾の表現

■ 名詞の単数と複数

　名詞の形が示す重要な点は，単数と複数の区別です。Mike is a student. の student は単数，そして Mike, John, and Jane are students. の students は複数を表します。

　英語を母語としない私たちは，数の上では単数と複数を区別しても，言葉の形式としてはその区別をやかましく言いません。ですから，Mike, John, and Jane are students. を「マイク，ジョン，そしてジェーンは学生です」と訳し，students が複数形であっても，特に「学生たち」や「学生ども」とはしません。

　単数と複数を区別することは，「数えられる名詞」と「数えられない名詞」を区別することでもあります。数えられる名詞には単数形と複数形があるのに対し，数えられない名詞には複数形がないからです。言葉の上で単数と複数を区別しない私たちにも，student や dog が数えられる名詞で，water や beauty が数えられない名詞であることぐらいは感覚的にわかります。しかし，その区別について，いまひとつピンと来ないものもあります。

■ money は数えられない名詞

　この「数えられる」「数えられない」でわかりにくいものに「お金」があります。参考書には「money は数えられない」としか書かれていませんが，これはどういうことでしょうか。

　わかりやすい例を挙げて説明しましょう。友人に借りた1000円を返すとき，ふつう1000円札1枚を返します。お札がなければ，500円硬貨2枚でもいいですね。100円玉10枚くらいまでなら，嫌がられるでしょうが，受け取ってくれるかもしれません。あり得ないことだとは思いますが，10円玉100枚や，1円玉1000枚で返したとしても金額に変わりはありません。

　つまり，お金の場合，重要なのは紙幣や硬貨の「数」ではな

く、お金の「量」、つまり、お金の金額や価値なのです。1000円札1枚と1円玉1000枚は「数（枚数）」は異なっても、「量（金額・価値）」は同じです。金額としてみる場合に問題となるのはmoneyの「量」であり、紙幣や硬貨の数は問題にしません。ですから、moneyは数えられない名詞なのです。もちろん, note, bill（紙幣）やcoin（硬貨）は1枚、2枚と数えられる名詞です。

このように、「数えることができるか」という視点から名詞を見ると、「数えられる名詞」は「数」を、「数えられない名詞」は「量」や「価値」を問題にしていることがわかります。

■ 一定の形・区切りをもつ数えられる名詞

次に、「数えることができるか」ではなく「分けることができるか」という視点から名詞を考えてみます。

1人、2人……、1匹、2匹……と数えることのできるstudentやdogなどの名詞には、一定の形や区切りがあり、その最小の単位である「単数」の場合はそのものをそれ以上分けることができません。1つ、2つ……と数えられるということは、裏を返せば1つの場合はそれ以上分けられないということです。

たとえば、公園でイヌを3匹（three dogs）見つけて、2人の友人とそれぞれ1匹（a dog）ずつ分けて面倒を見ることはできます。しかし、イヌを1匹（a dog）見つけて、1人では面倒を見ることができないからといって、3人でこの1匹のイヌ（a dog）をばらばらに分けることなどあり得ません。

数えられる名詞には1個1個の具体的な形が存在し、区切りがつくからこそ、数えられるのであり、数えられる名詞の最小単位である「1つのもの」は分けることはできません。

それに対し、数えられない名詞は一定の形がないので、分けても質的な変化はありません。たとえば、両手ですくったwater

IV 名前と修飾の表現

を，右手と左手に分けても水は水で，質が変わることはありません。右手の方が水素になって，左手の方が酸素になるということはなく，いくら分けても水で，これ以上分けられないということはありません。

まとめると，「数えられる」名詞か「数えられない」名詞かの違いは，「一定の形・区切り」のあるなしと重なります。つまり，「一定の形・区切り」があれば「数えられる」名詞であり，それがなければ「数えられない」名詞です。この「一定の形・区切り」のある数えられる名詞の単数には冠詞 a がつきます。

3 不定冠詞 a, an

ESSENCE

「不定冠詞 a, an」のエッセンス

a, an は「数えられる」名詞，つまり「一定の形・区切りのある」名詞につく。

■ a, an が必要な名詞

不定冠詞 a, an（以下，a のみ挙げます）は歴史的に「one → an → a」となったので，a には「1つの」という意味があります。そこから，数えられる名詞が単数の場合には，その前に a がつきます。

数えられる名詞は，すでに説明しましたが，student や dog などのように1つの形をもっていて，その形は分けることができません。このように，**これ以上分けられない，つまり，基準となる**

単位としての1つの形や一定の区切りをもっている数えられる名詞の前につくのが a です。

■ a の文法的意味

student や dog には，目に見え，手で触れることができる具体的な形があるので a をつけます。しかし，day や job には目に見える形はありませんが，a をつけます。それは，a day には「1日」という一定の区切りがあり，また，a job にも「始まりと終わりのある1つのまとまった仕事」という意味での一定の区切りがあり，それゆえ数えることができるからです。また，a family や a class も「家族」や「クラス」といった集合体としての1つのまとまりがあります。このような，一定の形，区切り，まとまりがある普通名詞や集合名詞には a がつき，**この a は「これ以上分けられない」という文法的意味を表します。**

a のつく名詞が1つ，2つ……と数えられることから，a にはもう1つ重要な文法的意味があります。

Mike is a student. は「Mike⊂student」であり，Mike は student という名称で表されるグループの1人であると説明しました（☞ p. 131）。このことは，Mike の他にも学生は無数に存在し，学生はなにも Mike だけに限らないことを意味します。つまり，**a がついた名詞には，「これだけに限らない」「他にも選択肢がある」という含みがあります。**これが，a を「不定（定まらない）冠詞」と呼ぶ理由です。同じように，Mike has a dog. は，世の中にいるイヌの中の1匹（a dog）を Mike が所有していることを表しています。もちろん，イヌはこれだけに限らず，他にも無数に存在します。

IV 名前と修飾の表現

> **POINT**
>
> **a が示す文法的意味**
> ・a は「この名詞はこれ以上分けられない」というサイン
> ・a は「他にも選択肢がある」というサイン

■ a のつかない名詞

不定冠詞 a は数えることのできる名詞,つまり,一定の形・区切りのある名詞につくということから,**a のつかない名詞は,一定の形・区切りがなく,数えることのできない名詞**だということになります。

集合名詞の family は「家族」という1つのまとまりを表すので,a がついて a family となります。しかし,同じ集合名詞でも「家具」を意味する furniture は,テーブル,イス,ソファーといった種々の異なるものから成り,一定の形や区切りがないので a furniture とはなりません。この場合,個数を言うには *a piece of* furniture, *two pieces of* furniture のようにします。

抽象名詞や物質名詞に a がつかないのも,そこに一定の形や区切りがないからです。happiness や kindness といった抽象名詞には,目に見えたり,手で触れることのできる具体的な形はありません。これは,あくまでも頭の中だけに存在するものです。

物質名詞は,目に見え,手で触れることはできますが,そこには一定の区切りがありません。つまり,water, paper, coffee などの物質名詞には「これ以上分けられない」という1つのまとまった形がなく数えられないので,a がつきません。これらの名詞を数えるときは,*a glass of* water, *a sheet of* paper, *a cup of* coffee のように,その前に一定の区切り(単位)を示す表現をつけます。もっとも,話し言葉では "Two coffees, please."(コーヒー

2杯お願いします）のような言い方もよくします。

■ a のつかない名詞に a がつくと

本来は a のつかない名詞にも a がつくことがあります。それは，一定の区切りや形のない名詞に，一定の区切りや形のある意味をもたせたいときです。

物質名詞の paper（紙）は数えることができません。それは，一定の区切りがなく，いくつにも分けることができるからです。つまり，1 枚の paper を破っても，それぞれは paper のままです。ですから，「紙」の意味では，a がついたり（a paper），複数形になる（papers）ことはありません。

この paper が，いくらでも分けることのできる物質としての「紙」ではなく，**分けることのできない 1 つのまとまった形をもつ**「新聞」「論文」「書類」などの意味で使われる場合には，a paper と a が必要になります。複数形は papers です。

たとえば，新聞（a paper）はバラバラにすれば新聞ではなくなってしまいますし（これ以上分けられない），また「その新聞の他にも世の中には新聞はいくらでも存在する」ので，それだけに限りません（他にも選択肢はある）。書類や論文でも同じで，a paper は a がもつ文法的意味を帯びています。

目に見えない，つまり，形のない抽象名詞に a がつくこともあります。たとえば，a happiness, a necessity, a kindness は「1 つの幸せな出来事」「1 つの必要なもの」，そして「1 つの親切な行為」という**具体性を帯びた形**にすることができます。また，three kindnesses と複数形になれば，具体的な「3 つの親切な行為」となります。具体的な出来事や行為には一定の区切りや目に見える形があると言えるので，それを表す場合には a をつけ，数えられる名詞とするのです。

ここでも，目に見えるものであれ，頭でとらえるものであれ，1つの形・区切りのある「範囲のある1つのまとまり」を表す場合にはaがつくという原則が当てはまります。

> **POINT**
>
> aがつくか複数形になる（数えられる名詞になる）ことで区切りとなる「形」があることを示す。
>
> ・区切りとなる「形」がない
>   paper（紙）
>   kindness（親切）
>
>   ------
>
> ・区切りとなる「形」がある
> ・これだけに限らない（他にも選択肢がある）
>   a paper / papers（新聞，論文，書類）
>   a kindness / kindnesses（親切な行為）

■ aのつく名詞からaがとれると

逆に，ふつうはaがつく名詞でも，aがつかない場合には抽象的な意味になります。たとえば，「教会」や「学校」といった1つの形のある建物は，a church, a school と表します。それが，aのつかない go to church や go to school では，教会や学校という「建物に行く」のではなく，「教会に祈りに行く」ことや「学校に勉強しに行く」ことを意味します。つまり，aのない church や school は建造物を表すのではなく，「祈り」や「勉強」という機能や目的，つまり目に見えない抽象的な概念を示しているのです。

> **ワンポイントコラム⑯**
>
> **a＋固有名詞**
>
> 　a dog や a student のように，不定冠詞 a は，たくさん存在するものの中の 1 つにつけるものなので，1 つのものだけを表す固有名詞にはふつう a はつけません。しかし，この固有名詞にも a がつくことがあり，その場合は「〜という人」「〜のような人」という数えられる名詞のグループに入ります。たとえば，A Mr. Tanaka is here. は，「田中さんという人がここにいる」という意味になり，たくさんいる田中さんの中の 1 人を指します。また，There are many Edisons in this room.（この部屋にはエジソンのような人［＝発明家］がたくさんいる）と固有名詞を複数形にすることも可能です。固有名詞に a がついたり複数形になるのは，固有名詞の普通名詞化ということです。

4 定冠詞 the

> **ESSENCE**
>
> 「定冠詞 the」のエッセンス
>
> the は「何を指しているのかが明確な」名詞について，その名詞の範囲を限定する。

■ 指すものを明示する the

　定冠詞 the は，指示代名詞から冠詞へとなりました。ですから，the を名詞につけるのは，その語が何を指しているのかが了解済みだということです。つまり，the のついた名詞は，話し手も聞き手もそれが何のことを指しているのかがお互いにわかって

いる（少なくとも，わかっていることを前提にしている）のです。

「市役所はどこですか」は，英語で Where is *the* city hall? です。市役所は市に1つしかありませんから，何を指しているのかは明らかです。ですから，the city hall と the がつきます。a city hall ではありません。

He went to *a* restaurant. (彼はレストランに行った) は，「数あるレストランの中の1つのレストラン」に行ったということで，どのレストランのことを指しているのかわかりません。しかし，He went to *the* restaurant. (彼はそのレストランに行った) と言えば，restaurant に the がついていることで，どのレストランのことなのかがわかっている（少なくとも，言う方にはわかっている）ことを示しています。

同様に，He read books. (彼は本を読んだ) は，「数ある本のなかの複数の本」を読んだということで，どの本のことかはわかりませんが，He read *the* books. (彼はそれらの本を読んだ) だと，どの本のことを言っているのかがわかっていることになります。

■ 前に言及したものを指す the

では，Mike has a dog. And the dog is clever. という連続した文を考えてみましょう。前の文の a dog は特にどのイヌを指しているわけでもありません。Mike has a dog. は，「マイクは世の中に無数に存在するイヌの中の1匹を飼っている」という意味です。それに対し，次の And the dog is clever. (そして，そのイヌは賢い) の the dog は，前文 (Mike has a dog.) で言った「マイクの飼っているイヌ」のみを指します。

この例文の dog を複数にして，Mike has some dogs. And the dogs are clever. としても同じことです。Mike has some dogs. は，「マイクは世の中に無数に存在するイヌの中の数匹 [複数]

を飼っている」となり，それを受ける the dogs は「マイクが飼っているイヌ［複数］」のみを指します。

つまり，以上の場合の the dog / the dogs は，前に言及された「マイクが飼っているイヌ」のことを言っているのは明らかで，「イヌ」が指し示す範囲が限定されているのです。

POINT

a dog (some dogs)　世の中に存在するイヌの中の1匹（数匹）

→ どのイヌを指しているか不明

→ 他にも選択肢がある（他にもイヌはたくさんいる）

....

the dog (the dogs)　特定の1匹（数匹）のイヌ

→ どのイヌを指しているか明確

→ 他に選択肢はない（他のイヌは問題にしていない）

■ 唯一のものを指す the

Mike is *a* student.（マイクは学生です）は，Mike が student と名づけられたグループの一員であることを意味し，これを「Mike⊂student」と表しました（☞ p. 131）。

一方，Mike is *the* student.（マイクがその学生です）では，the student は「その話題にしていた学生」という意味に限定されます。すると，この場合は「Mike＝the student」であり，Mike は「多くの学生の中の1人」ではなく「話題にしていた，その唯一の学生」ということになります。

このように，the がつくことで名詞が指し示す内容の範囲が限定されます。範囲を限定するもっとも極端なケースは1つに絞ることですから，the only way（唯一の方法），the very idea（まさ

IV　名前と修飾の表現

にその考え）のような，唯一のものを指すときには必ず the がつきます。また，1番を意味する最上級も明らかに1つのものを指すわけですから，the tallest boy（最も背の高い少年）のように the がつくのです。

■ 総称的に限定する the

最後に，the の総称用法について考えてみます。

The dog is clever. の the dog がどのイヌを指しているわけでもない場合，この文は「イヌ（というもの）はそもそも賢いものだ」というイヌ全体に当てはまる総称的な意味になります。

この the dog は「マイクが飼っているイヌ」だとか，「隣の家のイヌ」といった特定のイヌのことを言っているのではなく，「イヌというものは」といった「イヌという名称のついたグループに属するものの全体（イヌという種族に含まれるもの全体）」を指し，そこから「イヌの本質や本性」までも示しているのです。

総称用法としては Dogs are clever. という無冠詞の複数形を用いた表現が一般的で，次に A dog is clever. が使われます。同じ総称用法でも，*Dogs* are clever. ではイヌというグループ全体をまとめた感じがし，*A dog* is clever. はそのグループから具体的な1匹を取り出すイメージです。「イヌ」の全集合の中から1匹のイヌ（a dog）を取り出し，その勝手に選んだイヌが clever なら，同じ性質を有する「種（しゅ）」に属する他のイヌにもその性質が当てはまるという考え方です。

それに比べ *The dog* is clever. の the dog は，「イヌ族」という種族を指し，「ネコ族（the cat）」や「ネズミ族（the mouse）」などの他の種族と抽象的なレベルで区別する抽象的な表現です。そして，「イヌ族」は，この世に1つしか存在しないわけですから，the がつくのです。

145

■ a と the のまとめ

以上の解説から，不定冠詞 a と定冠詞 the の文法的意味をまとめると次のようになります。

　　a 〜　① そのグループ全体の中の1つを指す
　　　　　② まだ他にも選択肢がある
　　　　　　　（どれを指しているか不明 →「不定」冠詞）

　the 〜 ① 指すものの範囲が限定される
　　　　　　⎧ コンテキストから限定される
　　　　　　⎨ 前に言及したものに限定される
　　　　　　⎪ 唯一のものに限定される
　　　　　　⎩ 総称的にあるグループに限定される
　　　　　② 他に選択肢はない
　　　　　　　（どれを指しているか明確 →「定」冠詞）

ワンポイントコラム⑰

「すべて」を指す the という考え方

　英語の冠詞を使いこなすのは難しいですが，あるネイティブの先生が秘伝を教えてくれました。「すべて」のものを指すときに，その名詞に the をつけなさいということでした。

　最初，その意味がよくわかりませんでしたが，なるほど便利な考え方だと思うようになりました。それは，「コンテキストで決まるものすべて」「前に言及したものすべて」「唯一のものすべて」「あるグループに属するものすべて」を指すのが the 〜 だということなのです。この「すべて」には単数の場合も複数の場合もありますが，「あるものに限定される」ということは，言い換えれば「その限定されたものすべてを指す」ということになります。この視点からもう一度 the 〜 の用法を振り返ってみると，「なるほど」と思われるかもしれません。

2 形容詞・副詞

1 形容詞

> **ESSENCE**
>
> 「形容詞」のエッセンス
> 　形容詞は名詞（代名詞）の性質や状態を限定または叙述する。

■ 形容詞の用法と定位置

　ものやことの名を表す名詞に対し，形容詞は名詞（代名詞）の性質や状態を限定したり叙述したりする語です。形容詞の限定用法・叙述用法については他の箇所でも触れましたが（☞ p.106），ここで確認しておきます。

限定用法
　This is an *interesting* book.（これは**面白い**本です）

叙述用法
　This book is *interesting*.（この本は**面白い**です）

　上の an *interesting* book のように形容詞を名詞に隣接させる用法が限定用法です。形容詞 interesting は名詞 book の性質を限定しています。限定用法では，形容詞はそれがかかる名詞の直

前，もしくは直後に置きます。次の例文を見てください。

> This is an *interesting* book.
> (これは面白い本です)
> This is an *interesting* and *instructive* book.
> (これは面白くて，ためになる本です)
> This is a book *interesting to me.*
> (これは私には面白い本です)
> → interesting to me は形容詞句
> This is a book *that is interesting to me.*
> (これは私には面白い本です)
> → that is interesting to me は形容詞節

　原則として1語の形容詞が名詞にかかる場合は，第1文のようにその直前に置きます。これは，第2文の interesting and instructive のように，形容詞が and で結ばれていても同じです。また，第3文と第4文のように，いくつかの語がまとまって名詞にかかる場合は直後にその形容詞に相当する句や節を置きます (☞ p. 87)。

　一方，This book is *interesting.* の interesting のように be 動詞に続く形容詞の用法を叙述用法と言います。この形容詞 interesting は this book の性質を叙述しているのです。This book seems *interesting.* (この本は面白そうだ) のように，is (be 動詞) の代わりに他の語 (seems) が使われても同じです。さらに，I found this book *interesting.* (私はこの本が面白いと思う) では，「私」が「見つけた」のは「この本が面白いこと」ですから this book と interesting には This book is *interesting.* という関係が見て取れます。したがって，I found this book *interesting.* の interesting

も叙述用法です(限定用法と叙述用法の意味的な違いについては ☞ p. 217)。

■ 名詞と形容詞の関係

Mike is a student. は「Mike⊂student」であり, Mike は student という名称で表される概念に含まれる, つまり, 「student グループ」の一員として存在するという意味であることを説明しました (☞ p. 131)。

Mike is rich. も同じことで, Mike は「rich グループ」の一員として存在する, すなわち, 「Mike⊂rich」となります。ここからわかるように, Mike is rich.(マイクは金持ちです)と Mike is a student.(マイクは学生です)は同じ構造をしています。

こう見ると, 名詞 (student) と形容詞 (rich) は, 「ものの呼び名 (呼称)」という点では文中で似た働きをしています。実は, 名詞と形容詞は, もともと同じ種類の語でした。違いは, 少し難しい言い方をすれば, student のようなものの「実体」を表すのが名詞で, rich のようなものの「属性」を表すのが形容詞です。

■ 「the＋形容詞」が意味するもの

ここで,「the＋形容詞」を考えてみましょう。本来は名詞にしかつかないはずの the が, なぜ形容詞にもつくのでしょうか。

定冠詞 the の説明で, the の総称用法に触れました。これは, the dog だと「イヌというものは」という,「イヌという名称のついたグループに属するものの全体」を指し, さらに, イヌ全体を指すことから, イヌの本質や本性 (イヌであること) も示すということでした (☞ p. 145)。

```
              ┌ イヌ全体
     the dog  │
(イヌというものは)│
              └ イヌであること
```

同じように,「the＋形容詞」である the rich は次のように解釈できます。

```
              ┌ 金持ち全体 (rich people)
     the rich │
(金持ちというものは)│
              └ 金持ちであること (richness)
```

ここから, the rich に rich people と richness の 2 つの意味があることが理解できます。このように,「the＋形容詞」は, the の総称用法である「その性質をもつもの全体」と, 抽象的なレベルでの「そのものの本質や本性」を表します。

ワンポイントコラム⑱

alive と possible

asleep, awake, alive, alike などの形容詞は叙述用法にしか用いられません。それは, これらの語の接頭辞 a- の部分がもともとは on だったからです。asleep なら on sleep (眠っている状態にある) ということなので, He is on sleep.(彼は眠っている状態にある)から He is asleep. となりました。

もう 1 つ使えるお話を。possible, credible, regrettable, desirable などの語は, *He is possible. のように人を主語にできないと習います。実は, 〜able, 〜ible で終わる語の大部分は「〜されうる」という受動態の意味なのです。ですから, He is regretful. と言えば「彼が後悔している」という意味であり, a regrettable choice なら「後悔される選択」, つまり,「選択が後悔される」という受動態の意味になります。と

いうことで，*He is possible to do it. ではなく，It is possible for him to do it. という形が正解となります。

2 副詞

ESSENCE

「副詞」のエッセンス

・副詞は主に動詞を修飾するが，他にも，名詞，形容詞，副詞などの語や，句・節，そして文も修飾する。
・副詞は，語句の意味を強めたり，時，場所，程度，頻度，様態，理由，順序などの意味を付け加える。

■ 副詞の用法と定位置

副詞は，形容詞のようにものの性質や状態を表すのではなく，語句の意味を強めたり，時，場所，程度，頻度（回数），様態（様子），理由，順序などの意味を付け加える働きをします。副詞の位置は形容詞に比べて自由ですが，下の点を確認しておきましょう。

動詞を修飾する副詞は，run slowly（ゆっくり走る）の slowly や，study English hard（英語を一生懸命に勉強する）の hard のように，ふつう動詞の後に来ます。正確に言うと，自動詞の場合にはその直後（run slowly）に，他動詞の場合は目的語の直後（study English hard）に副詞を置きます。

また，always, never, seldom などの「頻度」を表す副詞や，

much, greatly, completely などの「程度」を表す副詞には，He always comes late.（彼はいつも遅れて来る）や We greatly appreciate it.（私たちはそれをとても感謝する）のように，動詞の直前に置かれるものもあります。

以上のように，**動詞を修飾する副詞は，その動詞の直前や後方に置きます。**

副詞には，動詞を修飾するもの以外に，*very* strong（とても強い）や *very* fast（とても速く）の very や，*even* a child（子どもでさえ）の even のように，形容詞や副詞，そして名詞を修飾するものもあります。また，副詞は次のように句，節も修飾します。

right in front of the house（家のちょうど前に）
→ 句を修飾する副詞
simply because he says so（ただ彼がそういうから）
→ 節を修飾する副詞

動詞以外の語句を修飾する副詞は，それが修飾する語や句・節の直前に置きます。

■ 文を修飾する副詞の定位置と注意事項
副詞には文全体を修飾する用法があります。

He saw it *clearly*.（彼ははっきりとそれを見た）
→ 動詞（saw）を修飾する副詞
He *clearly* saw it.（彼ははっきりとそれを見た）
→ 動詞（saw）を修飾する副詞
Clearly he saw it.（明らかに彼はそれを見た）
→ 文（he saw it）を修飾する副詞

He saw it, *clearly*. (彼はそれを見た，**明らかに**)
→ 文（he saw it）を修飾する副詞

　He saw it clearly. や He clearly saw it. では，副詞 clearly は動詞 saw を修飾し，「見る」様子，つまり「どのような見方をしたか」について説明を付け加えています。

　それに対し，Clearly he saw it. は「彼が見たこと」が「明らかだ」と，clearly は he saw it 全体を修飾しています。また，He saw it, clearly. のように，文末の clearly の前にコンマを置いても，He saw it. でいったん意味が切れて，そのことが clearly だとなるので，この clearly も He saw it. 全体を修飾することになります。これらは，It is clear that he saw it. と書くこともできます（接続詞 that については ☞ p. 202）。

　このように，副詞が動詞を修飾する場合と，文を修飾する場合とでは，似た文でも意味が異なる場合があります。上の例文に否定語が入ると次のようになります。

He did not *see it clearly*. (彼はそれを**はっきりとは**見なかった)
He did not *clearly see it*. (彼はそれを**はっきりとは**見なかった)
Clearly he did not *see it*. (明らかに，**彼はそれを見なかった**)
He did not *see it*, clearly. (彼はそれを見なかった，**明らかに**)

　ここでは，否定語 not のかかる先に注目して下さい（上の例文のイタリック体の部分）。He did not see it clearly. や He did not clearly see it. では，not は see it clearly, clearly see it にかかって，「はっきりと見なかった」となります。つまり，見るには見たのだが，はっきりと見たわけではないということです。

　それに対し，Clearly he did not see it. や He did not see it,

clearly. の not は see it の部分のみを否定します。つまり,「見なかった」のです。そして,clearly が he didn't see it 全体を修飾することで「彼が見なかったことがはっきりとしている」という意味になります。これらは,It is clear that he didn't see it. とも表現できます。

ワンポイントコラム⑲

形容詞か副詞か

　He died rich. の rich は形容詞でしょうか副詞でしょうか。この文は,He died.（彼が死んだ）と He was rich.（彼は金持ちだった）の2つが合体したものです。つまり,He died rich. は「彼は金持ちで死んだ」,つまり「彼は遺産をたくさん残して死んだ」という意味です。ですから,この rich はあくまでも「金持ち」という「彼（名詞）」の性質について言っているので形容詞です。形容詞に -ly をつけると副詞になりますから,この文を He died richly. とすると,副詞 richly は動詞 died を修飾し「彼は rich な死に方をした」という意味になります（rich な死に方とは,どのような死に方なのかわかりませんが）。

　この語尾の -ly ですが,参考書には次のように書かれています。

　　名詞（friend）+ -ly → 形容詞（friendly）
　　形容詞（slow）+ -ly → 副詞（slowly）

　これらの語尾 -ly は何でしょうか。「紳士的な,紳士らしい」という意味で,gentlemanly と gentlemanlike という2つの語があります。それぞれの語尾 -ly と -like は同じように使われています。実は,-ly は「〜のような」の意味の like からできたのです。そこで,friendly のような訳しにくい語は,とりあえず「友達のような（like a friend）」と訳してみてはどうでしょう。like（= -ly）を「〜のような」と訳せば形容詞的になり,「〜のように」とすれば副詞的になります。

　　-ly = like 〜 $\begin{cases} 〜のような → 形容詞 \\ 〜のように → 副詞 \end{cases}$

IV 名前と修飾の表現

3 比較

■ 比較の意味

　形容詞と副詞に関する重要な事項に「比較」があります。比較と言うと、学校ではまず、

　rich—richer—richest
　good—better—best
　beautiful—more beautiful—most beautiful

などの語形変化を学びます。これは、原級—比較級—最上級の順であり、原級に対して、比較級が「より～」、最上級が「一番～」だと教わるので、原級よりも比較級の方が、そして、比較級よりも最上級の方が上であるような印象をもってしまいます。

　すると、He is rich.（彼は金持ちだ）と He is richer.（彼はより金持ちだ）とでは、何となく He is richer. の方が、より金持ちであるかのような感じがします。しかし、これは誤解です。He is rich. と He is richer. は本質的に違うものなのです。

■ 絶対的と相対的

　He is rich. のように原級（rich）を使う場合、そこには「ふつうのものさし」、つまり「絶対的な基準」があります。簡単に言えば、他と比べず、それだけで判断する基準です。「彼は rich だ」と言うからには、豪邸に住んでいるとか、羽振りがよいとか、誰が見ても納得するそれなりの rich さがあるはずです。子

155

どもに向かって「100円も持ってるの。ボクはお金持ちだね」と言うことはあっても，ふつうのものさしで考えて，所持金が100円では rich とは言いません。

　それに対し，比較級 richer を用いた He is richer. は「他の誰かと比べて rich だ」ということです。極端なことを言えば，John が10円しか持っていなければ Mike の所持金が100円でも，Mike is richer than John.（マイクはジョンよりも金持ちだ）となります。また，マイクが100円しか持っていなくても他の少年の所持金が100円より少なければ，Mike is the richest of all the boys.（マイクはすべての男の子の中で一番金持ちだ）なのです。

　「2つのものを比べて一方が他方よりも程度が高いこと」を示す比較級であれ，「3つ以上のものの中で程度がもっとも高いこと」を示す最上級であれ，比較の表現には比較の対象（比較する相手）が必要です。比較とは絶対的な（相手がない）ものではなく相対的な（相手がある）ものなのです。つまり，他者と比べず「それ自体がどうだ」という絶対的な原級（rich）に対して，比較級（richer）や最上級（richest）は相対的，つまり「何かと比べて」ということを言っているのです。この点をまず確認しておきましょう。

1 原級による比較表現

■「程度が同じ」ことを表す as ～ as

　2つのものを比べて，程度が同じときには as ～ as を用いて表現します。「～」には形容詞，副詞の原級が入ります。

　たとえば，Mike と John が同じくらいお金を持っているときには，Mike is as rich as John.（マイクはジョンと同じくらい金持

ちだ）とします。これは、rich という点において Mike と John は程度が同じだということです。また、Mike runs as fast as John.（マイクはジョンと同じくらい速く走る）は、Mike と John の走る速さが同じだと言っています。では、as 〜 as がどうして「同じくらい」という意味になるのでしょうか。それを解く鍵は、最初の as の意味にあります。

　同じ程度を表す as 〜 as の最初の as は、語源が so と同じで「それほど」「そんなに」「同じように」といった意味です。ですから、Mike is as rich. のもともとの意味は「マイクはそれほど金持ちだ」です。

　そこで、「それほど」と言われると「どれほど？」と聞いてみたくなりますが、その「どれほど」を示す部分が、続く as John なのです。したがって、Mike is as rich as John. は、次のように段階的に説明できます。

　　Mike is rich.（マイクは金持ちだ）
　　　↓
　　Mike is *as* rich.（マイクは**それほど**金持ちだ）
　　　↓
　　Mike is *as* rich *as John*.（マイクは**ジョンほど**金持ちだ）

このように、Mike is as rich as John. のそもそもの意味は「マイクはジョンほど金持ちだ」なのです。

　ちなみに、as 〜 as は同等の比較ですが、この as 〜 as の前に倍数を置くことで Mike is *three times* as rich as John.（マイクはジョンの3倍のお金を持っている）と倍数の表現となります。また、John is *one-third* as rich as Mike.（ジョンはマイクの3分の1のお金を持っている）のように倍数の代わりに分数を置くことも

できます。

■「程度が同じでない」ことを表す not as ～ as / not so ～ as

Mike is as rich as John. の否定文は，Mike is *not* as rich as John. あるいは Mike is *not* so rich as John. です。not as ～ as の方がよく用いられます。ここで注意すべき点は，Mike is *not* as rich as John. を「マイクはジョンと同じくらい金持ちでない」ではなく，「マイクはジョンほど金持ちでない」と訳さなくてはならないということです。

Mike is as rich. は「マイクはそれほど金持ちだ」という意味になることは説明しました。であれば，その否定文の Mike is not as rich. は「マイクはそれほど金持ちでない」となります。ここに as John が続く Mike is not as rich as John. の訳は，次のように段階的に説明できます。

　　Mike is not rich.（マイクは金持ちでない）
　　　↓
　　Mike is not *as* rich.（マイクは**それほど**金持ちでない）
　　　↓
　　Mike is not *as rich as John.*（マイクは**ジョンほど**金持ちでない）

Mike is not as rich as John. は rich を比較の基準にして Mike を John と比べ，Mike は John に及ばないことを表しています。ですから，「～ほど金持ちでない」という訳になります。Mike is not as rich as John. を「マイクはジョンと同じくらい金持ちでない」と訳してしまうと，「マイクもジョンも両方とも同じように金持ちではない」と誤った意味にとられる恐れがあります。

IV　名前と修飾の表現

> **POINT**
> ・as 〜 as ... は「…ほど〜」という意味から「…と同じくらい〜」となり，not as 〜 as ... / not so 〜 as ... は「…ほど〜でない」となる。
> ・as 〜 as ..., not as 〜 as ... / not so 〜 as ... では，「〜」が比較の基準，「…」が比較の対象となる。

■ as ... の省略

as 〜 as ... や not as 〜 as ..., not so 〜 as ... の as ... の部分が省略されることがあります。つまり，「どれほど？」にあたる as ... の部分がコンテキストから明らかなときは，わざわざ示されないこともあるのです。

　Mike is rich, and John is as rich.
　（マイクは金持ちだ。そして，ジョンは同じくらい金持ちだ）
　Jane has never been so happy.
　（ジェーンはこれほど幸せだったことはない）

上の文は Mike is rich, and John is as rich *as Mike*.（マイクは金持ちだ。そして，ジョンは**マイクと**同じくらい金持ちだ），下の文は Jane has never been so happy *as she is now*.（ジェーンは**今ほ**ど幸せだったことはない）と as ... の部分を補って考えることができます。

ワンポイントコラム⑳

so ～ that ... は同等比較の構文

次の3つの文を比較してください。

Mike is as rich as John.

Mike is so rich as to buy it.

Mike is so rich that he can buy it.

これら3つの文は，as ～ as 構文，so ～ as to 構文，so ～ that 構文として別々に習いますが，実は，いずれも同じ構造の文です。第1文の as John と同じ働きをしているのが，第2文の as to buy it，第3文の that he can buy it の部分です。

Mike is <u>as rich</u> <u>as John</u>.

[Mike はそれほど金持ちだ→どれほど？→John ほど]

⇒ マイクはジョンほど金持ちだ。

⇒ マイクはジョンと同じくらい金持ちだ。

Mike is <u>so rich</u> <u>as to buy it</u>.

Mike is <u>so rich</u> <u>that he can buy it</u>.

[Mike はそれほど金持ちだ→どれほど？→それを買えるほど]

⇒ マイクはそれを買うことができるほど金持ちだ。

Mike is as rich as John. では John が1000円持っていれば Mike も1000円持っていることになりますし，Mike is so rich as to buy it. や Mike is so rich that he can buy it. では，as to buy it や that he can buy it の it が1000円のものなら Mike は少なくとも1000円持っていることになります。

ですから，so ～ that ... を「とても～なので…」と訳すのは必ずしも正確ではないのです。so は「それほど」と程度を表す語です。

2 比較級による比較表現

■2つのものを比べて優劣を示す比較級

2つのものを比べて「一方が他方より程度が高い」ことを表すには「比較級+than」を用います。比較級には「原級+-er」と「more+原級」があり、綴りの長い語、ふつう3音節（母音が3つある）以上の語には more を用います。

たとえば、John が Mike よりもお金を多く持っているときには John is richer than Mike.（ジョンはマイクより金持ちだ）とし、this と that を比べて this の方がより重要だと言いたいときは This is more important than that.（これはあれよりも重要だ）とします。それぞれ、rich と important を比較の基準にして2つのものを比べています。

次に、2つのものを比べて「一方が他方より程度が低い」ことを表す場合ですが、ふつうは not as ～ as を用いて Mike is not as rich as John.（マイクはジョンほど金持ちでない）や That is not as important as this.（あれはこれほど重要でない）とします。また、それほど頻繁には使われませんが、Mike is less rich than John. や That is less important than that. のように「less+原級+than」を使う表現もあります。この less は否定語である little の比較級なので、「マイクはジョンよりも少なく金持ち」や「あれはこれよりも少なく重要だ」ではなく、「マイクはジョンほど金持ちでない」や「あれはこれほど重要でない」と否定的に訳します。

> **POINT**
>
> 2つのものを比べて優劣を示す比較級の表現では 〜er than ... や more 〜 than ... の「〜」が比較の基準,「...」が比較の対象となる。

■ 比較の対象

比較級の文では,比較されるものどうしが同種のものでなくてはなりません。たとえば,「東京よりもサンフランシスコの方が温暖だ」を *It is milder in San Francisco than Tokyo. とするのは誤りです。in San Francisco と比較するのですから,その比較の対象は同じく場所を表す副詞句でなくてはいけません。ですから,正しくは It is milder *in San Francisco* than *in Tokyo*. です。

比較の対象には動詞が含まれることもあります。たとえば,*You look* younger than *you are*.(あなたは実年齢よりも若く見える)では,you look(〜に見える)と you are(〜である)が比較されており,*I am* happier than *I was*.(私は昔よりも幸せだ)では,I am(〜である)と I was(〜であった)が比較されています。

比較の対象がコンテキストから明らかな場合は than 〜 が省略されることもあります。Jane has never been happier.(ジェーンはこれ以上に幸せだったことはない)では,たとえば,Jane has never been happier *than she is now*.(ジェーンは今以上に幸せだったことはない)と補って考えることができます。

■「2つのうちで〜の方」を表す「the+比較級」

John is richer than Mike.(ジョンはマイクよりも金持ちだ)のように,比較級にはふつう the はつきません。しかし,John is *the richer* of the two.(ジョンは2人のうちで金持ちの方だ)のよ

うに,「2つのうちで〜の方」を言うときには「the＋比較級」とします。「2人のうち」という選択肢では,「より金持ち」はどちらかの1人に決まってしまいます。そこで,「唯一のものを指す」という the の用法から (☞ p. 144),「2つのうちで〜の方」を表す比較級には the がつくのです。

この of the two という語句がなくとも, コンテキストから「2つのうちで〜の方」ということがはっきりとわかれば,「the＋比較級」を用います。たとえば, 2人姉妹であることがわかっていて,「ジェーンは年下の方です」と言うときにも, Jane is the younger. と比較級に the をつけます。2人姉妹であれば, どちらかが年上でどちらかが年下であることは決まっているからです。

このことは, John is the richest in the town.（ジョンは町で一番の金持ちだ）と, 最上級に the がつくのと同じ理由です。最上のものは1つしかなく何（誰）を指すのかが決まるので, 最上級には the がつきます。

■「それだけ〜」を表す「the＋比較級」

The more we have, the more we want.（もてばもつほど, もっと欲しくなる）のような,「the＋比較級, the＋比較級」という形の文がありますが, ここで使われている the は「それだけ」という意味です。

定冠詞のところで, the は指示代名詞に由来すると述べました (☞ p. 142)。例えば, 指示代名詞 that は, He ate *that* much.（彼は*それほど*たくさん食べた）のように使われますが, この that は「それほど」と量の程度を示します。ちなみに, この場合の that は指示副詞です。

「the＋比較級, the＋比較級」の the は, この that と同じように「それほど」「それだけ」「その分だけ」を意味します。ですか

ら，The more we have, the more we want. は「もてばもつ分だけ，その分だけなおさら欲しくなる」というのがより正確な訳です。

この「それだけ〜」を意味する「the＋比較級」は，次のような表現にも使われます。

> I like him *all the more* for his faults.
> **《超直訳》** 彼の欠点という理由で（for his faults），私は，それだけさらに（the more）彼のことが好きだ。
> ⇒ 彼には欠点があるので，私はますます彼が好きだ。

> I like him *none the less* for his faults.
> **《超直訳》** 彼の欠点という理由で（for his faults），私は，それだけ彼のことが好きでないことはない（none the less）。
> ⇒ 彼には欠点があるが，それでも私は彼が好きだ。

上の文の，all the more の all は the more を強める働きをしています。また，下の文の none the less が「それでもなお〜」や「それにもかかわらず〜」という肯定的な意味合いになるのは，「それだけ〜でない（the less）ことはない（none）」と「否定×否定＝肯定」になっているからです。ひと綴りで書く nonetheless も同じです。

IV 名前と修飾の表現

> **ワンポイントコラム㉑**
>
> **比較級の否定文には注意**
>
> 「マイクはジョンほど金持ちでない」は Mike is not as rich as John. ですが，Mike is not richer than John. ではいけないのでしょうか。
>
> Mike is not richer than John. だと，Mike は John より richer でなければよいのですから，Mike と John の所持金が同じ場合も含まれることになります。つまり，Mike is not richer than John. の内容は「Mike の所持金は John と同じか，John よりも少ない」ということです。ですから，「お金持ちという点で，マイクはジョンに及ばないこと」を表すのは Mike is not as rich as John. の方です。

③ no＋比較級

比較級を使った表現の中で，わかりにくいものの1つが「no＋比較級」でしょう。ここでは，no more than と no less than から「no＋比較級」の意味を考えてみます。

■「否定的に同じ」を表す no more

He has *no more than* 5000 yen. は「彼は5000円しか持っていない」という意味で，He has only 5000 yen. と同じだと教わります。では，なぜ「5000円しか」と否定的な感じになるのでしょうか。その答えは，no と more という語の組み合わせにあります。

no は「少しも〜ない」という強い否定を表し，This is *no* good.（これは少しもよくない）や，He has *no* friends.（彼には友達が1人もいない）のように使われます。no more は more を no で強く打ち消したものですから，He has no more than 5000 yen.

165

は、「5000円より多く持っていると思っていたら、5000円より少しも多くない」、つまり「5000円しか持っていない」という意味になるのです。

　　He has *no more than* 5000 yen.
　　《超直訳》彼は5000円より少しも多くない金額を持っている。
　　　⇒　彼は5000円しか持っていない。

「5000円し̇か̇持っていない」と言っても、結果的には5000円持っていることに変わりありません。つまり、「彼の持っている金額＝5000円」です。したがって、He has no more than 5000 yen. は「結局のところ5000円は持ってはいるのだが、それ以上ではない」ということで、no more than は「〜しか」という否定的な訳になるのです。つまり、no more than の部分は「否定的に同じ（＝）」だと考えればよいのです。

■「肯定的に同じ」を表す no less

　no less は no more と逆です。He has *no less than* 5000 yen. は「彼は5000円も持っている（He has as much as 5000 yen.）」と否定的な感じはありません。それは、「5000円に満たないと思っていたら、5000円より少しも少なくない」、つまり「5000円ももっている」となるからです。

　　He has *no less than* 5,000 yen.
　　《超直訳》彼は5000円より少しも少なくない金額を持っている。
　　　⇒　彼は5000円も持っている。

この場合も，結局のところ5000円持っていることに変わりありません。つまり，「彼の持っている金額＝5000円」です。しかし，ここでは，否定語 less を強い否定の no で打ち消すことで，「否定×否定＝肯定」となり，そこから no less than は「～も」という肯定的な訳になるのです。つまり，no less than の部分は「肯定的に同じ（＝）」だと考えればよいのです。

　以上の説明を次のようにまとめることができます。

> **POINT**
> 「no＋比較級」は結果的には同じことを表す。
> 　　no more → 否定的に同じ　　no less → 肯定的に同じ

　no＋比較級に more や less 以外の比較級を入れても「結果として～と同じだ」という意味になります。よく使われるのが no better です。

He is *no better than* a machine.
《超直訳》彼は機械よりも少しもよくない。
　⇒ 彼は機械と同じだ。

They are *no better than* children.
《超直訳》彼らは子どもよりも少しもよくない。
　⇒ 彼らは子どもと同じだ。

　上の2つの例文とも，no better が否定的なニュアンスを表していることがわかるでしょう。つまり，no better も「否定的に同じ」ということになるのです。

> **ワンポイントコラム㉒**
>
> **「クジラの公式」のからくり**
>
> no more を「否定的に同じ」と理解すると,「クジラの公式」という奇妙な文も簡単に理解することができます。
>
> 　　A whale is *no more* a fish *than* a horse is.
>
> 　《超直訳》ウマが魚でないのと比べてクジラは少しも魚でない。
> 　　　　⇒ クジラはウマと同じように魚でない。
> 　　　　⇒ クジラが魚でないのは,ウマが魚でないのと同じ。
>
> このように,A whale is no more a fish than a horse is. は「クジラが魚でない」ことと「ウマが魚でない」ことが結果的には同じであることを言っています。この文からも,no more が「否定的に同じ」,この場合は「～でないという点で同じ」だということがわかるでしょう。

4 最上級による比較表現

■ 最高のもの1つだけを示す最上級

3つ以上のものの中で「一番～」であることを表すには最上級を用います。最上級には「原級＋-est」と「most＋原級」があり,3音節(母音が3つある)以上ある長い綴りの語にはふつう most を用います。

たとえば,John is the richest in the town.(ジョンは町で一番の金持ちだ)や,This is the most important of them all.(これは,それらすべての中で一番重要だ)では,rich と important を比較の基準にして3つ以上のものを比べています。

この「一番～」を表す最上級には定冠詞 the が必要です。最上級に the がつくのは,「一番のもの,最高のもの」は原則として1つに決まっているからです。そこで,「唯一のものを指す」と

いう the の用法から (☞ p. 144)，最上級の表現は「the＋最上級」となります。

> **POINT**
>
> 3つ以上のものの中で程度がもっとも高いことを示す最上級の表現では the 〜est や the most 〜 の 〜 が比較の基準となる。もっとも高いものは1つしかないので，最上級には「1つのもの」を指す定冠詞 the がつく。

■ the をつけない最上級

しかし，最上級には必ず the がつくというわけではありません。たとえば，John is *happiest* when he is alone. (John は1人でいる時が一番幸せだ) では happiest に the をつけません。このように，他と比べないで，同一の人やものについて「一番〜」という時には最上級に the をつけないのです。これは，John 自身の中で一番幸せな時がいつなのかを述べる文であり，John を他の人と比較しているわけではないからです。

副詞の最上級には the をつけないのが原則です。Mike runs fastest in the class. (Mike はクラスの中で一番速く走る) の fastest は副詞なので the がありません。しかし，この原則はだんだんと崩れてきて，最近では Mike runs the fastest in the class. のように副詞の最上級にも the をつけるようになってきました。

定冠詞 the は本来名詞につけるものですから，もとは名詞と同類である形容詞につけることはできますが (☞ p. 149)，副詞に the をつけるのは the の本来的な用法ではありません。しかし，最上級が「1つしかないもの」を示すことや，形容詞の最上級に the をつけることの類推から，副詞の最上級にも the をつけるの

がふつうに感じられるようになったのでしょう。このように，単純な規則と本来的用法が対立した場合，単純な規則の方が勝つことがしばしばあります。

■ 最上級に関する注意事項

最上級も比較ですから，比較の対象を示さなくてはなりません。John is the richest *in the town*. は，rich を比較の基準にし，ジョンが住んでいる町の人々を比較の対象として，John が一番金持ちだということです。また，John is the richest *of us all*. であれば，比較の対象の範囲が「私たちすべて」と John が所属するグループになっています。

この2つの文では，比較の対象の範囲を示す部分が in the town と of us all という表現になっていますが，in the town のように in を使う場合は「町の中で（範囲内で）」という空間的な範囲を示しており，of us all のように of を使う場合は，Mike も「私たちすべて」の一員であることから，その所属を表します。この点については，V章の前置詞 in と of の違いについての解説も参照してください（☞ p. 189）。

もう1つ注意しておきたい点は，最上級には even（～でさえも）の意味を含むことがあるという点です。たとえば，*The brightest student* cannot solve the problem. という文は，「もっとも賢い学生はその問題を解けないだろう」と訳すのではなく，「もっとも賢い学生でさえも，その問題を解けないだろう」とする方が文意をはっきりと出すことができます。つまり，暗に，学生は誰も解くことができないと言っているのです。

V

文中の「語のまとまり」を示す語

前置詞，接続詞，関係詞について

文中の「語のまとまり」を見抜き，それが文中でどのような働きをしているのかが理解できるようになると，複雑な構造をした長い英文が読み解け，より高度な表現を用いた英文が作れるようになります。本章では，文中で「語のまとまり」を示す語である前置詞，接続詞，関係詞の用法について学びます。

1 前置詞

1 前置詞の働きと種類

ESSENCE

「前置詞」のエッセンス

前置詞は名詞，または名詞に相当する語句の前にあって，語のまとまりを示す。この「前置詞＋名詞（相当語句）」という語のまとまりは，文中で形容詞または副詞の働きをする。

■ 前置詞の働き

　前置詞は，文字通り前に置く語です。では，何の前に置くのかというと，名詞，または名詞に相当する語句の前です。もちろん，名詞の前にあるものは何でも前置詞だということにはなりません。もしそうなら，いろいろな語が前置詞になってしまいます。

前置詞とは，それ自身は語形変化をせず，*in* the morning（午前に）の in や *on* arriving *at* the station（駅に到着するとすぐに）の on, at のように，名詞や名詞に相当する語句の前にあって，語のまとまりを示す語です。

in the morning のような，前置詞が示す語のまとまりを「前置詞句」と言い，文中で形容詞や副詞のような働きをします（「語のまとまり」「句」については ☞ p. 84）。

形容詞の働きをする前置詞句
 The book *on the desk* is difficult.（机の上にある本は難しい）
 → 前置詞句 on the desk は名詞 book を限定する形容詞句

副詞の働きをする前置詞句
 He played tennis *in the morning*.（彼は午前にテニスをした）
 → 前置詞句 in the morning は動詞 played を修飾する副詞句

on the desk や in the morning のような，前置詞が導く「前置詞＋名詞（相当語句）」の語のまとまりを見抜き，それが文中でどのような働きをしているのか，つまり，文中の他の語句とどのような意味関係にあるのかが理解できるようになると，複雑な英文も読み解けるようになります。

■ 前置詞の種類と意味の広がり

前置詞には at, in, on のような1語のものの他に，because of（～のゆえに），in front of（～の前に），in spite of（～にかかわらず），thanks to（～のおかげで）のようにいくつかの語がまとまって前置詞的な働きをするものがあります。また，concerning（～に関して），considering（～を思えば），regarding（～に関して），

saving（〜を除いて）などのように，現在分詞が前置詞的な働きをすることもあります。

いずれにしても，前置詞は綴りが短いので覚えるのにそれほど苦労しません。しかし，その用法となると大変です。この点は冠詞も同じです。「前置詞や冠詞のような綴りの短い語ほど，その使い方をマスターするのが大変だ」と言われることがありますが，なるほどその通りだと思います。

多岐にわたる前置詞の用法を完全にマスターするのは簡単ではありません。しかし，1つの前置詞がもつさまざまな意味を突き詰めて考えてみると，そこには核となるイメージが見えてきます。そのイメージを押さえ，そこから広がる意味のつながりをとらえることで，前置詞の理解は深まります。

では，もっとも基本的な，しかし，多種多様な意味をもつ9つの前置詞（at, in, on, from, to, for, of, by, with）を見ていきましょう。

2 at, in, on

at, in, on は，空間から時間，そして，そこからさまざまな用法へと意味が広がる前置詞の代表的な存在です。最初に，この3つの前置詞の空間的イメージをまとめておきます。

at	点	〜の地点で	at the station（駅で）
in	範囲	〜の中で	in the room（部屋の中で）
on	接触	〜にくっついて	on the desk（机の上に）

V 文中の「語のまとまり」を示す語

■「点」を表す at

at と in はどちらも場所を表す点で共通しており区別しづらいので、「狭いところには at, 広いところには in を使う」と説明されることがあります。しかし、この「狭い／広い」はどういう基準によるのでしょうか。何 m² 以上であれば「広く」て、どれだけなら「狭い」のでしょうか。

I met him *at the station.*（私は駅で彼に会った）と I met him *in New York.*（私はニューヨークで彼に会った）を比べた場合、駅の方が狭いので the station には at を用いて at the station とするという説明には納得がいきます。では、He studied English *in the room.*（彼はその部屋で英語を勉強した）はどうでしょう。この文の in the room には at ではなく in が使われていますが、at よりも in の方が広いのだとしたら、彼の部屋は駅よりも広いのでしょうか。

at と in を区別するのに、「狭い」とか「広い」といった、言葉のあやというか、根拠となる基準が曖昧なフィーリングに頼るのは感心しません。at と in の違いは場所の狭い広いではなく、場所のとらえ方によるものです。

in the room の in は「〜の中で」と訳すことからもわかるように「広がりのある空間の中」を示しているのに対し、at the station の at は駅を「点」としてとらえています。**前置詞 at の根本イメージは「点」です。**

「駅を点としてとらえる」とは、たとえば、地図では駅がその中の1地点として描かれていることを思い出してください。また、鉄道の路線図では駅が点になっています。ですから、the station を「点」ととらえると、I met him *at the station.*（私は彼と駅で会った）のように at を使います。一方、the station を「駅の建物」といった「広がりのある空間」ととらえると、I met him *in the station.*（私は彼と駅で会った）のように in を使います。もっと正確に訳せば「私は彼と駅の構内で会った」です。もちろん，駅ナカで食事をしたのも I had dinner with him *in the station.*（彼と駅の中で食事をした）です。

　この「点」というイメージから at のもつさまざまな用法が説明できます。「広がりをもたない 1 地点」を示す at は，時間の点になると，at three o'clock（3 時に）や at the time（その時に）のような「時間の流れの中の 1 時点」，すなわち「時刻」を指します。

　この「点」のイメージから「矢印の先が指す点」という用法が生まれ，at 50 mph（時速 50 マイルで）や at 100 degrees C（摂氏 100 度で）のような使われ方をします。速度メーターや温度計の針の先が，目盛りの点を指しているようすを想い描いてください。

　また，at は「点」から「狙う点」へとイメージが広がり，aim at 〜（〜を狙う）のような使われ方をします。同じく，「1 点に狙いをつけて視線を向ける」ということから，look at 〜（〜を見る）にも at が使われています。さらに，「〜という点にある」というイメージは，at work（仕事中に）や at war（戦争状態）などの，「〜に従事する」や「〜の状態にある」を意味する at になります。

　辞書で at を引くと，さまざまな意味が載っていますが，それを「点」というイメージからとらえなおしてみると全体がまとまって見えてきます。

POINT

at は「点」を表す。この「点」というイメージから，「空間の点」「時間の点」，さらに「指す点」「狙う点」，そして「状態」などへ

意味が広がる。

```
     ┌ 空間の点   at the station（駅で）
     │ 時間の点   at three o'clock（3時に）
  at │ 指す点    at 50 mph（時速50マイルで）
 （点）│ 狙う点    aim at（〜を狙う）
     └ 状態     at work（仕事中に）
```

■「範囲」を表す in

前置詞 in の根本イメージは「範囲の中」です。in の空間的イメージは「広がりのある面や空間の中」で，in the room（部屋の中で）や in Tokyo（東京で）のように，範囲や領域の中にあることを示します。時間の場合も同じで，in 2015（2015年に），in summer（夏に），in March（3月に）のように，in は年，季節，月などの「広がりのある時間の中」を表します。そこから in two days（2日［という範囲の中］で）といった所要時間も表します。

「範囲の中にある」というイメージから，周りのものに「囲まれている」「包まれている」といった感じが出て，in jeans（ジーンズをはいて）などの表現になります。さらに，「範囲の中にある」から，「〜の状況の中にある」「〜の状態の中にある」「〜の形の中にある」などへ意味が広がり，in the rain（雨の中で），in love（恋して），in a line（一列に）のようにも in が使われます。

> **POINT**
>
> in は「範囲の中」を表す。この「範囲の中」というイメージから，「空間」「時間」の中のみならず，さまざまな「状況」「状態」

「形状」の中にある様子を表す。

in （範囲の中）	広がりのある空間の中　in the room（部屋の中で） 広がりのある時間の中　in summer（夏に） 着用　in jeans（ジーンズをはいて） 状況　in the rain（雨の中で） 状態　in love（恋して） 形状　in a line（一列に）

■「接触」を表す on

on は「〜の上」だと思い込んでいると，His house is *on the river.* を川の上で水上生活をしていると勘違いしてしまいます。これは誤りで，正しくは「家が川に接している状態」，つまり「彼の家は川べりにある」ということです。

前置詞 on の根本イメージは「接触」です。空間的には，机でも壁でも天井でも，そこに接していれば，on the desk（机に），on the wall（壁に），on the ceiling（天井に）のように on を用います。on the ceiling を「天井の上に」とすると屋根裏が想い浮かぶので，よい訳ではありません。これは「天井に接している（くっついている）状態」ですから，必ずしも「on＝上」ではないのです。

on が時間に使われると on the 4th of July（7月4日に），on Sunday（日曜日に），on the morning of Sunday（日曜の午前に）のように，on の次には日や曜日，あるいは特定の日の午前や午後などが続きます。これは，「日・曜日」や「特定の日の午前・午後など」が，時刻（at three o'clock）といった時の1点や，月（in January），季節（in summer），年（in 2015）のような時の範囲

とは違ったとらえられ方をしているからです。

「何日の出来事」や「何日の朝の出来事」と言うように、出来事は「日・曜日」や「特定の日の午前・午後など」と密接に結びつきます。たとえば、「運動会はいつ」と聞くと、ふつう「10月10日」だとか「日曜日」などと日や曜日が返ってきます。このように、時と出来事は密接に結びついている、つまり「くっついている」というイメージから、He came *on Sunday.*（彼は日曜日に来た）の on Sunday には on を使います。これは、「彼が来た」という出来事が「日曜日」という時に「くっついて起きた」ということです。

「接触」というイメージから、動作への接触、すなわち「同時」という用法が出てきます。on delivery（配達時に）の on がそうですが、これは「配達時にくっついている」ことを表しています。また、on 〜ing（〜するとすぐに）が「〜することにくっついて」という「同時」の意味になることは、2つの出来事や行為が時を置かず「接触」しているイメージから容易に理解できるでしょう。それに対して in 〜ing（〜するときに）は「〜することの中で」ということです。

また、on fire（火が燃えて）や on the team（チームに）の on が表す「〜の状態にある」「〜に属している」なども、「くっついている」という「接触」のイメージに由来します。さらに、based on 〜（〜に基づいて）や depend on 〜（〜に依存する）の on は、くっついて何かを支える土台を示すことで、「基づく」や「〜に依る」という意味になります。on one's income（自分の収入で）の on も同じです。

on には「〜について」という意味もありますが、これは同じように訳す about よりも専門性が高い場合に使います。ですから、a book *on English grammar* は「英文法についての専門書」

です。about は「周辺」を意味し，on は「接触」なので，くっついている on の方がより専門性が高いのは当然でしょう。

　前置詞ではありませんが，「〜を続ける」という意味の go on 〜 や carry on 〜 という熟語に見られる副詞の on にも，「ずっとくっついている」という「接触」のイメージから「〜し続ける」という「継続」の感覚が出てくるのです。

POINT

on は「接触」を表す。この「接触」というイメージから，空間的には「くっついた状態」を，時間的には出来事と密接な関連のある「日・曜日」などを表し，さらに「同時」「状態」「所属」「基礎・依存」「関連」などへ意味が広がる。

on
（接触）
- 空間的な接触　on the desk（机に）
- 時間的な接触　on Sunday（日曜日に）
- 同時　on delivery（配達時に）
- 状態　on fire（火が燃えて）
- 所属　on the team（チームに）
- 基礎・依存　on one's income（自分の収入で）
- 関連　on English grammar（英文法について）

---

③ from, to, for

　次に，出発点や到着点，そして方向を表す前置詞 from, to, for について説明します。これら3つの前置詞の空間的イメージは次のとおりです。

from	起点	〜から	from Osaka（大阪から）
to	到着点	〜まで	to Tokyo（東京に）
for	方向	〜に向けて	for Tokyo（東京に）

■「起点」を表す from

　前置詞 from の根本イメージは「起点」で，空間と時間の両方に使います。この「起点」に対する「到着点」を示すのが to です。ですから，from Osaka to Tokyo（大阪から東京まで）や from Monday to Friday（月曜から金曜まで）のように from と to はセットになります。言うまでもなく，from Osaka to Tokyo では大阪が起点で東京が到着点，from Monday to Friday では月曜が起点で金曜が到着点です。

　さらに，from は「起点」のイメージから，come from（〜の出身である）のように「出身」を表したり，suffer from（〜から苦しむ）のような「原因」となったり，be made from（〜から作られる）のように「原料」を示します。つまり，She comes *from Japan.*（彼女は日本の出身だ）は from Japan（日本から）が「彼女の起点（出身）」を，He suffered *from cold.*（彼は風邪で苦しんだ）は from cold（風邪から）が「彼が苦しんだ起点（原因）」を，そして，Wine is made *from grapes.*（ブドウからワインが作られる）は from grapes（ブドウから）が「ワイン作りの起点（原料）」であることを表しています。

POINT

from は「起点」を表す。この「起点」というイメージから，「出身」「原因」「原料」などを表す。

from (起点)	場所の起点	from Osaka (to Tokyo) (大阪から (東京まで))
	時間の起点	from Monday (to Friday) (月曜から (金曜まで))
	出身	(come) from Japan (日本の (出身だ))
	原因	(suffer) from cold (風邪で (苦しむ))
	原料	(make wine) from grapes (ブドウから (ワインを作る))

ワンポイントコラム㉓

「〜から」はいつも from とは限らない

「〜から」という日本語にはいつも from が使えるとは限りません。たとえば「学校は9時から始まる」や「太陽は東から昇る」は英語で,

*School starts *from* 9 o'clock.

*The sun rises *from* the east.

ではなく,

School starts *at* 9 o'clock.

The sun rises *in* the east.

と言います。なぜでしょうか。

from は to とセットになって from A to B (A から B まで) のように,from が「起点」,to がその「到着点」を表すと述べました。この from A to B には,walk from here to the station (ここから駅までずっと歩く) や work from nine to five (9時から5時までずっと働く) のように「ずっと」という語を補うことができます。つまり,from は「ずっと続く」ことの起点を表すのです。

しかし,「学校は9時から始まる」という場合の「始まる」はずっと続くわけではないですし,「太陽が東から昇る」も「ずっと昇る」わけではありません。「学校は9時という時間の1点に始まる (School starts at 9 o'clock.)」のであり,「太陽は東という範囲の中で昇る (The sun rises in the east.)」わけですから,たとえ日本語で「〜から」とな

っていても from は用いないのです。

■「到着点」を表す to

「起点」の from に対し，**to は「到着点」**を表します。from と同じく，これは空間にも時間にも使います。

前置詞 to の用法をある辞書で調べると 33 もの意味が載っていますが，この「to は到着点」という 1 つのイメージをしっかり理解しておけば十分です。もう 1 つ付け加えるとすれば，「～までずっと」という動作の継続のイメージです。

「到着点」ということから，行為や気持ちの「目的」にもなり，「結果」にもなります。He went *to work*.（彼は**仕事に**行った）の to work は「目的」で，She tore his picture *to pieces*.（彼女は彼の写真を**バラバラになるまで**破いた）の to pieces は破いたことの「結果」です。

この「～まで」という感じから，She got wet *to the skin*.（彼女は肌まで濡れた）の to the skin のような「範囲」や「程度」を表します。さらに，「～まで至る」「～までつながる」となり，the key *to victory*（勝利への鍵）の「結合」や，according to ～（～によれば）や dance *to the music*（音楽に合わせて踊る）の「一致」の用法が出てきます。

前置詞 to が「目的」や「結果」を表すのは，to 不定詞の to の場合も同じです。He came here to eat an apple. を「彼はリンゴを食べるためにここに来た」と見れば to eat an apple は「来た」ことの目的になり，「彼はここに来てリンゴを食べた」と見れば to eat an apple は「来た」ことの結果となります（☞ p. 94）。

POINT

to は「到着点」を表す。この「到着点」というイメージから,「目的」「結果」「範囲」「結合」「一致」などへ意味が広がる。「到着点」を表す to は「～まで（ずっと）」という継続の意味もあわせもつ。

	場所の到着点	(from Osaka) to Tokyo ((大阪から) 東京まで)
	時間の到着点	(from Monday) to Friday ((月曜から) 金曜まで)
to (到着点)	目的	(go) to work ((仕事に) 行く))
	結果	(tear ～) to pieces (バラバラになるまで (～を破る))
	範囲	(wet) to the skin (肌まで (濡れる))
	結合	(the key) to victory ((勝利への) 鍵)
	一致	(dance) to music (音楽に合わせて (踊る))

ワンポイントコラム㉔

to と for, by の違い

to に「～まで (ずっと)」という継続のイメージがあることについては, for や by との比較からも明らかになります。

まず, to と for を比べてみます。to も for も「～に」と訳語は同じなのに, He walks *to* school. (彼は学校に歩いて行く) では to が, He leaves *for* school. (彼は学校に出発する) では for が使われるのはなぜでしょう。

「歩く (walk)」という動作は彼が学校に到着するまでずっと続きます。そこで,「～まで (ずっと)」を意味する to を使って walk to school とします。

Ⅴ 文中の「語のまとまり」を示す語

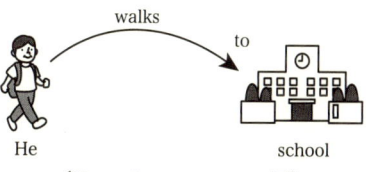

〔He walks to school. の図〕

　それに対し,「出発する (leave)」はある瞬間の出来事です。「出発」した次の瞬間には「出発」は終わっているので,「学校に着くまでずっと出発する」のではなく,「(ある時点で) 学校の方に向かって出発する」のです。そこで,「〜に向かって」を意味する for を使って leave for school となります。

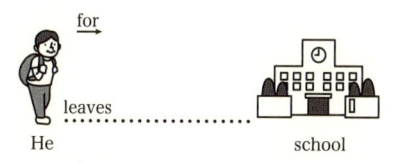

〔He leaves for school. の図〕

　時間の場合でも, to には「まで (ずっと)」という継続の意味があります。The meeting lasted *to five*. (5時まで会議が続いた) にも to が使われているのは, 会議が「5時までずっと続く」からです。
　このような時間の継続には to の代わりに till を用いることもできます。「明日までここにいなさい」は, Stay here *till tomorrow*. です。ちなみに,「明日までにここに戻りなさい」という,「戻ってくる」時間の基準を設定する表現は Come back here *by tomorrow*. です (☞ p. 191)。

■「方向」を表す for
　前置詞 for は before の fore の部分と同じで, もともとは「前」という意味です。ここから **for に「前の方」という空間的イメージが生じます。**
　この「前の方」から, leave *for Tokyo* (東京に出発する) や a train *for Tokyo* (東京行きの列車) のように,「〜の方へ」「〜に

向けて」「〜をめざした」という「方向」の意味が出ます。この「方向」は，look *for a job*（仕事を探す）のように，「〜の方に気持ちを向けて」「〜を求めて」といった「目標」も表します。

　for が時間を表すと for three hours（3時間）のように「〜の間」となりますが，それは「向かっていく時間の広がり」というイメージから来るものです。似た表現の in three hours は「3時間という範囲の中で」，つまり「3時間のうちに」と時間の範囲を示すのに対し，for three hours は「3時間」という時間の広がりを表します。たとえ，for a moment（少しの間）でも，瞬間的な時間の広がりがイメージされます。

　このような for のもつ「方向」，つまり「〜の方を向いている」というイメージから，「〜にふさわしい」「〜のために」という「利益」の意味が出ます。a man *for the post*（その地位にふさわしい人）や I will make coffee *for you.*（あなたのためにコーヒーを入れてあげよう）に for が用いられるのは，「その地位に向いている人」や「あなたに向かって」ということだからです。

　さらに，「〜に向いた」や「〜のために」という意味は「〜に賛成して」へと広がります。Are you *for the plan*?（あなたはその計画に賛成ですか）は「あなたはそちらの方向に気持ちが向いていますか」ということです。

　面白いのは，この「〜に向いた」や「〜のために」が「〜の代わりに」という意味になることです。たしかに，I make coffee *for you.* は，「あなたに向けて」や「あなたのために」であると同時に，「あなたの代わりに」コーヒーを入れることでもあります。そして，この「〜の代わりに」から，交換を意味する for の用法が理解できます。He paid $100 *for the book.*（彼はその本に100ドルを払った）は，「その本と100ドルを交換する」ことです。もっとも，これは「100ドルをその本に向けて払った」と考

えることもできます。ようするに,これらは for の解釈の問題に過ぎません。

また,この「〜のために」から for the reason(その理由で)の for のように理由を表す用法があるのも納得がいくでしょう。

POINT

for は「前の方」を表す。この「前の方」というイメージから,「方向」や広がる「時間」,さらに,「目標」「賛成」「利益」「交換」「理由」などへ意味が広がる。

for
(前の方)
- 方向　(leave) for Tokyo(東京に(出発する))
- 時間　for three hours(3時間)
- 目標　(look) for a job(仕事を(探す))
- 賛成　for the plan(その計画に賛成して)
- 利益　for you(あなたのために)
- 交換　(pay $100) for the book
　　　　(その本に(100ドル払う))
- 理由　for the reason(その理由で)

ワンポイントコラム㉕

等位接続詞 for

for は前置詞の他にも,He stopped working, *for* he was getting tired.(彼は仕事を止めた。というのは,彼は疲れてきたからだ)のように「理由」を表す接続詞としても用いられます。

ただし,for 以下が示す理由はあとから付け加えられた補足的な説明なので,*for* he was getting tired の部分を文頭にもってきたり,単独で使うことはできません。あくまでも付加的に用います。なお,この

> for を用いた補足的理由の表現は，形式ばった書き言葉に用いられるので注意が必要です。

4 of, by, with

最後のグループは of, by, with です。これらは空間的なイメージがとらえにくく，イメージの広がりも理解が難しい前置詞です。

of	所属	～の	(the mayor) of New York (ニューヨークの（市長）)
	分離	～から	(10 miles west) of London (ロンドンから（10マイル西）)
by	近接	～のそばに	by the river（川のそばに）
with	同伴	～と一緒に	(go) with him（彼と（行く）)
	敵対	～に対して	(fight) with him（彼と（喧嘩する）)

■「分離」と「所属」を表す of

前置詞 of は off と同語源です。off は，「接触」を意味する on の反対で「離れていること」を意味します。「スイッチを消す」，つまり「電気に接触しない状態にする」は turn off で，「仕事に接触しない状態」である「非番」は off duty です。この「離れる」という意味の off と同じ源から出てきたわけですから，rob A of B（A から B を奪う）や clear A of B（A から B を片付ける）のように，of にも当然のことながら「離す」という意味があります。

「分離」の意味の of には，10 miles west *of London*（ロンドン

から10マイル西）や come *of a good family*（良家の出身）といった用法があります。前者は「ロンドンから離れて」いるわけですし、後者は「良家から離れて」いるのです。

　この「良家の出身」といった場合、たしかに「良家から離れて」いるのですが、同時に「良家の一員である」とも言えます。ですから、come *of a good family* の of は「分離」を意味しますが、同時に「所属」も表すのです。このように、off（離れる）から派生した of には、「離れる」という意味と、その離れたものに「所属している」という意味があります。これは、made *of wood*（木でできている）などの「材料」を表す of も同じことです。木から「分離された」材料（木材）でできているということは、そのものの性質は木に「所属している」のです。

　このように、「分離」と「所属」の2つのイメージがあるのが前置詞 of の重要な点です。そして、この一見正反対のイメージには「〜の範囲内で」という共通点があります。come *of a good family* はその出身が「良家の範囲内」であり、made *of wood* は「木の範囲内」で作られているのです。

　同じ「範囲内」といっても in と異なるのは、in は空間や時間の範囲を表しますが、of が示すのはあくまでも所属の範囲のことです。これは、John is the richest *in the town*.（ジョンは町で一番の金持ちだ）や John is the richest *of us all*.（ジョンは私たちの中で一番の金持ちだ）にある最上級の比較の範囲を示す in the town や of us all などの表現の理解に役立ちます。in は「場所の範囲内で」、of は「所属の範囲内で」を示しています（☞ p.170）。

　また、the mayor *in New York*（ニューヨークにおける市長）の in New York はどこかの市の市長がニューヨークに滞在しているという「場所の範囲」を示すだけですが、「ニューヨークの市長」と言う場合には「ニューヨークに所属する市長」ですから

「所属の範囲」を表す of を使って the mayor *of New York* となります。

最初に挙げた「分離・除去の of」の用法も、「〜の範囲内で」と考えれば簡単に理解できます。We cleared the road *of snow.*（私たちは道の雪を除去した）は「雪の範囲内で道をきれいにした。他のものは片付けていない」で、They robbed her *of her purse.*（彼らは彼女から財布を奪った）は「財布の範囲内で彼女から奪った。他のものは盗んでいない」ということです。

この「所属」の意味から、a car *of the school*（学校の車）のような「所有」、a book *of travel*（旅行の本）のような「主題」、また love *of God*（神の愛）、a driver *of the car*（その車の運転手）といったさまざまな関係の表現に of が使われます。

POINT

of は「分離」と「所属」を表す。この一見正反対のイメージには「〜の範囲内で」という共通点がある。このイメージから、「出身」「材料」「所有」「主題」などのさまざまな意味へと広がる。

of（分離・所属）		
	分離	(10 miles west) of London（ロンドンから（10マイル西））
	出身	(come) of a good family（良家から（出た））
	材料	(made) of wood（木から（できている））
	所属	(the mayor) of New York（ニューヨークの（市長））
	所有	(a car) of the school（学校の（車））
	主題	(a book) of travel（旅行の（本））

> ### ワンポイントコラム㉖
>
> **be made from 〜と be made of 〜**
>
> of と from との区別が難しい熟語に be made of 〜と be made from 〜があります。
>
> 　　Wine is made *from* grapes.（ワインはブドウから作られる）
> 　　This desk is made *of* wood.（この机は木でできている）
>
> この区別について「from は原料で，of は材料」といった説明がありますが，こういう言葉のあ・や・で説明するのは誤解のもとです。
>
> Wine is made *from grapes*. は They make wine from grapes. と言い換えることができます。これは，from grapes to wine（grapes から wine まで）で，ブ・ド・ウ・か・ら・ワ・イ・ン・へ・と・質・が・ま・っ・た・く・変・わ・っ・て・し・ま・う（化学変化する）ことです。これに対し，This desk is made *of wood*.（この机は木でできている）は，見た目にも木で作られていることがわかる（その性質が木に所属している）ことから「所属」の of を使うのです。

■「近接」を表す by

　前置詞 by の根本イメージは「近接」です。空間的には「〜のそばに」「〜のあたりに」を意味し，by the river は「川のそばに」です。この「〜のそばに」から「〜のそばに寄る」，そして「〜を経由して」となり，by way of Tokyo（東京経由で）や by the highway（ハイウェイ経由で）のように使われます。「経由」とは「〜を経て」「〜を通して」ということですが，そこから「〜を仲立ちとして」「〜を介して」へと意味が広がり，これが「手段」の by bus（バスで）や受け身の文の「動作主」を示す by Mike（マイクによって）に使われる by です。

　時間的にいうと by は「〜までに」です。at three o'clock が at の「点」のイメージから「3時（ちょうど）に」，about three o'clock が「3 時のまわり」から「3 時ごろに」という意味であるのに対し, by three o'clock は「3 時までに」です。この場合, 3 時を過ぎてはいけないのですが, それは by の「近接」という, だんだんと近づいていくというイメージに由来します。つまり, 時の流れが 2:50→2:55→2:59→3:00 という近づき方をするので, by three o'clock が示す時間は, 3 時を「基準」にして, その基準に近づきつつも超えない時間, すなわち「3 時までに」なのです。

「〜のそばに」という by の空間的な意味も, 何らかの「基準」を示します。どれくらい近いのか具体的な数値はなくとも, by 〜 で基準となる地点を示しておくということです。at the river (川のところで), in the river (川の中で), on the river (川に面して) のいずれとも異なり, by the river (川のそばに) は川を「基準」にして, その基準に近づきつつも越えない場所にあるということです。

もちろん, 場所にしても, 時間にしても by は基準を示しているわけですから, その基準から遠く離れることはできませんし, その基準を超えることはできないのです。

このように, by は基準を示すところから, judge a person *by appearance* (人を**外見によって**判断する) といった「判断の基準」や, sell eggs *by the dozen* (ダース単位で卵を売る) のように「単位」を表すことも理解できます。

POINT

by は「近接」を表す。この「近接」というイメージから, 空間的には「〜のそばに」, 時間的には「〜までに」を表し, さらに「経由」「手段」「動作主」「基準」「単位」などへ意味が広がる。

Ⅴ 文中の「語のまとまり」を示す語

| by
(近接) | 空間的近接　by the river（川のそばに）
時間的近接　by three o'clock（3時までに）
経由　by way (of Tokyo)（（東京を）経由して）
手段　by bus（バスで）
動作主　by Mike（マイクによって）
基準　by appearance（外見によって）
単位　by the dozen（ダース単位で） |

■「敵対」と「同伴」を表す with

　with といえば「〜と一緒に」，すなわち「同伴」の意味がすぐに思い浮かびます。しかし，be angry with 〜（〜に［対して］怒っている）や fight with 〜（〜と［敵対して］戦う）のように，with には「〜に対して」という「敵対」の意味もあります。このように，**with には「同伴」と「敵対」という2つの正反対に見える意味がある**のです。

　この理由を考えてみましょう。たとえば，She fought *with him*.（彼女は彼と喧嘩した）という文は，彼女と彼の2人が同時に「喧嘩という行為をしたこと」を意味します。仮に敵対していても，喧嘩という行為を「一緒に」したことに違いありません。ここで，「敵対」と「同伴」の with の2つのイメージが結びつきます。

　語源的に言えば，前置詞 with は数字の「2」に関係のあった語で，「2つのものがともにある」ことを表します。そこで，2つのものが寄り添えば「〜と一緒に」となり，逆に2つのものが対峙すれば「〜に対して」となるのです。

　もちろん，これは fight *with him* だからこのような意味になるのであって，go *with him*（彼と行く）の with にはもちろん「敵

対」の意味はありません。この場合は、「～と一緒に」「～を伴って」という「同伴」の意味だけです。

　この「～と一緒に」「～を伴って」という「同伴」の意味から、a girl *with long hair*（長い髪をした女の子）の「所有」、cut *with a knife*（ナイフで切る）の「手段」、shrink *with cold*（寒さで縮む）の「原因」などへ意味が広がります。用法はさまざまですが、どれも「何かを伴っている」、つまり「～と一緒に」という共通のイメージがあります。

　また、with の「同伴」の意味が、目に見えるものだけではなく、抽象的な名詞にまで使われると with care（注意を伴って→注意深く）、with ease（簡単さを伴って→簡単に）のような「with＋抽象名詞」の用法となります。

POINT

with は「敵対」と「同伴」を表す。「同伴」のイメージから、「所有」「手段」「原因」へ意味が広がる。

with（「2」つのもの）
- 敵対　(fight) with him（彼と（戦う））
- 同伴　(go) with him（彼と（行く））
- 所有　with long hair（長い髪をした）
- 手段　(cut) with a knife（ナイフで（切る））
- 原因　(shrink) with cold（寒さで（縮む））

> **ワンポイントコラム㉗**
>
> **with を用いた付帯状況の表現**
>
> 　with 〜 の「〜」には，with *the lights off*（明かりを消して）や with *his mouth open*（口を開けて）のように句を入れることができます。それぞれ，「明かりが消えている（The lights are off.）状態を伴って」「彼の口が開いている（His mouth is open.）状態を伴って」という状況を付け加えていることから，この with を「付帯状況を表す with」と言います。
>
> 　さらに，with *the sun setting*（太陽が沈んで）や with *his eyes closed*（目を閉じたまま）のように，現在分詞や過去分詞が使われることもあります。これは分詞の形容詞的な用法ですが，この場合も「太陽が沈んでいく（The sun is setting.）という状態を伴って」「彼の目が閉じられている（His eyes are closed.）という状態を伴って」という付帯状況を表しています。

5 その他の前置詞

　ここまで，多くの意味や用法をもつ9つの重要な前置詞について解説してきました。では，その他の1語の前置詞で説明が必要と思われるものを簡単に見ておきましょう。

■ after

　「〜の後に」という意味の after は，after you（あなたの後ろに）や after five（5時以降に）のように空間的にも時間的にも使います。after you は「あなたの次に」と順序も表しますが，これは空間的にも時間的にも「後」ということです。

　さらに，「〜の後に」「〜の次に」から「〜にちなんで」「〜にならって」へと意味が広がります。We named our son Thomas *after his uncle.*（息子を彼の叔父に**ちなんで** Thomas と名づけた）は「叔父の後（次）に Thomas と名づけた」ということであり，また，The picture was painted *after Turner.*（その絵はターナー流に描かれた）は「ターナーにならって描かれた」ということです。

また，「後ろ」というイメージから，look after は「後ろから見る」→「世話をする」となります。日本語にも「後見」という語がありますが，まさしく同じイメージです。

■ about, above

about は語源的には a-b-out と分けられます。a- は on の意味，b- は by の意味です（on が a- になることについては ☞ p.150）。つまり，about は，on と by と out が合体したもので，語源的には「外のあたりに」という意味です。そこから「〜のあたり」「〜のまわり」という意味になり，about the door（ドアのあたりに）や about five（5時ごろ）のように空間にも時間にも使われます。

「まわり」ですから，about $10（約10ドル）のように「約〜」「〜くらい」という意味で使われます。また，何かの「まわり」にあることから，「〜について」「〜についている（従事している）」へと意味が広がります。What is he about?（彼は何に従事しているのか）は「彼は何のまわりにいるのか」ということであり，a book *about love*（愛についての本）は「愛を取り巻いている本」，つまり「愛をテーマにした本」です。この「〜について」という意味ですが，on の箇所で指摘したように，on を用いた方が about よりも専門性が高くなります（☞ p.179）。

above (a-b-ove) は on と by と over が合体したもので，「上のあたりに」という意味です。したがって，「〜の真上」や「〜の真上を超えて」という意味の over に対し，above が「真上」ではない「上方」を指すというのも納得できます。なお，above に

は「超えている」「及ばない」という意味もあり、The problem goes *above me*.(その問題は私の手に負えない)という表現もあります。

■ before, behind, beyond, below

before, behind, beyond, below などの be- はいずれも by(〜のあたりに、〜のそばに)と由来が同じです。したがって、before は「前のあたりに」、behind は「後ろのあたりに」、beyond は「向こうのあたりに」、below は「下のあたりに」という意味です。

before や behind は、空間的、時間的な「前」や「後」の意味から、put quality *before quantity*(量よりも質)や behind the rest of the class(クラスの残りより劣って)といった「優劣」を表すようになります。また、behind には I'm *behind you*.(私はあなたを支持します)のような、「(後ろから)支持・支援する」という意味もあります。

beyond は「向こうに」の意味から、above と同じように「(能力を)超えている」ことも表します。It's *beyond me*. と言えば、「私の理解を超えている」ということです。above の反対を示す below は「真下」ではなく「下の方」という意味で、under とは異なります。また、「下の方」からの類推で、below average(平均以下)のように「〜よりも劣る」ことも示します。

■ among と between

2つのものの間には between を使い、3つ以上のものの間には among を使うと教わりますが、実を言うと、この区別は数が問題なのではありません。

語源的に be-(〜のあたりに)と tween(2つ)から成る between は「2つのものの間」という意味で、ふつうは between

January and March（1月と3月の間に）や between you and me（あなたと私の間で）のように「2つのものの間」という意味で使われます。しかし, a treaty *between England, Germany, and France*（英, 独, 仏間の条約）では, 後ろに続くものの数が3つ以上でも, それぞれ2つずつの相互関係を言うので between を用います。この場合, 条約は England‑Germany, England‑France, Germany‑France と2国間ずつで結ばれるからです。

among は, among students（学生の間で）や among groups（グループ間で）のように「多くのものの間で」「多くのものに囲まれた中で」という意味です。ここから, among〜 は one of〜 と同じように使われ, He is *one of* the best students.（彼はもっとも優秀な学生の一人である）を He is *among* the best students. とも言うことができます。

6 動詞の目的語と前置詞の目的語

最後に, 前置詞のもつ文法的性質について記しておきましょう。まず, 次の例文を比べてください。

I shot the bear.（私はクマを撃った）
I shot at the bear.（私はクマを撃った）

この2つの文は同じ訳になりますが, 内容までも同じでしょうか。違いは at があるかないかです。

at には「狙う」という意味があり（☞ p. 176）, at を用いた I shot *at the bear*. の方は正確には「クマを狙って撃った」となります。この場合, 弾が当たったという保証はありません。一方,

I shot the bear. は「弾が当たった」ことになります。ここでは，the bear が動詞の直接の目的語になっているので，弾は直接クマに当たっているのです。

同じように，I heard her singing.（私は彼女が歌うのを聞いた）では彼女の歌声を「直接耳にした」のですが，I heard *of her*.（彼女の噂を聞いた）のように前置詞 of が入ると，彼女の声を直接聞いたのではなく，「彼女について聞いた」となります。

つまり，I shot the bear. と I heard her singing. では the bear と her が動詞の直接の目的語となっていることから，「撃つ」「聞く」といった動作が直接及ぶことになります。一方，I shot *at the bear*. と I heard *of her*. では，the bear と her が**それぞれ前置詞（at, of）の目的語**となっていることから，動作は直接には及びません。

同じように，I suffer pain.（私は痛みで苦しんでいる）だと「痛みを直接感じて苦しんでいる」のですが，I suffer *from cold*.（私は風邪で苦しんでいる）は「風邪を引いて，それが原因となって苦しむ」ということで「風邪」を直接感じているのではなく，風邪が起点（from）となって苦しんでいるのです（☞ p. 181）。

このように，日本語訳は似ていても，前置詞のあるなしで意味が違ってくる点に注意が必要です。

2 接続詞と関係詞

1 接続詞の種類と働き

> **ESSENCE**
>
> 「接続詞」のエッセンス
>
> 接続詞には,語と語,句と句,節と節をつなぐ接続詞と,語のまとまりを示す接続詞がある。接続詞が示す語のまとまりは,文中で名詞的,または副詞的な働きをする。

■ 語,句,節をつなぐ接続詞

接続詞は,それ自身は語形変化をせず,語と語,句と句,そして節と節をつなぐ働きや,文中で語のまとまりを示す働きをします(句,節については ☞ p. 84)。

接続詞には等位接続詞と従位接続詞があり, __A__ and __B__ のように,文法的に対等の関係にある語,句,節をつなぐ接続詞を等位接続詞といいます。

He eats <u>apples</u> *and* <u>oranges</u>.
(彼はリンゴそしてオレンジを食べる)

He reads books <u>in his room</u> *or* <u>in the library</u>.
(彼は自分の部屋または図書館で読書する)

He went to the library, *but* she stayed at home.
(彼は図書館に出かけた。しかし，彼女は家にいた)

　上のそれぞれの例文の接続詞 (and, or, but) は，下線を引いた部分，すなわち「語 (apples) と語 (oranges)」「句 (in his room) と句 (in the library)」「節 (he went to the library) と節 (she stayed at home)」をつなぐ等位接続詞です (for については ☞ p. 187)。

ワンポイントコラム㉘

not A and B には注意

　He ate apples and oranges. (彼はリンゴとオレンジを食べた) の否定文 He did not eat apples and oranges. を「彼はリンゴとオレンジを食べなかった」と訳すのは正しくありません。

　A and B は「A と B が同時」ということなので，He ate apples and oranges. は「リンゴとオレンジを（同時に）食べた」ことを意味します。ですから，否定文 He did *not* eat apples *and* oranges. は「リンゴとオレンジを（同時に）食べなかった」のであり，どちらか一方を食べたことになります。「リンゴとオレンジの両方を食べなかった」という表現は，He did *not* eat apples *or* oranges. です。まとめると次のようになります。

　A and B (A と B) → A, B の両方（同時）
　not A and B (A と B ではない) → A, B の両方ではない（同時を否定）
　A or B (A か B) → A, B のどちらか（選択）
　not A or B (A か B ではない) → A, B のどちらでもない（選択を否定）

■「語のまとまり」を示す接続詞

　前置詞と同じく，接続詞も文中の「語のまとまり」を示すサインの働きをします。ただし，前置詞が導く「語のまとまり」は句

ですが，接続詞が導く「語のまとまり」は節です。

　I know *that* Mike plays tennis.
　（私はマイクがテニスをすることを知っている）
　→ 接続詞 that が導く that Mike plays tennis は know の目的語となる名詞節

　Mike played tennis *when* he was young.
　（マイクは若いころテニスをした）
　→ 接続詞 when が導く when he was young は動詞 played を修飾する副詞節

　文中で，文の一部の要素として，名詞や副詞の働きをしている that Mike plays tennis や when he was young を従属節と言います。この従属節を導く that や when などの接続詞が従位接続詞です。接続詞に続く「語のまとまり」が見抜けるようになると，英文のつくりがシンプルに見えてきます。

■ 名詞節を導く接続詞 that
　語のまとまりを示す接続詞のうちもっとも重要なものの1つが that です。この接続詞 that は，「そのこと」を意味する指示代名詞 that から発達しました。
　He studies English. I know *that*. （彼は英語を勉強する。私はそのことを知っている）で，後の文の that は He studies English. を指します。この2つの文を1つにしたものが，I know that he studies English. （私は**彼が英語を勉強すること**を知っている）です。正確に訳せば，「私はそのこと，つまり，彼が勉強することを知っている」となります。

この that he studies English の部分は文中で名詞の働きをしていることからもわかるように，接続詞 that は名詞節を導き，これをふつう that 節と言います。

   I know *the story.*
   (私はその話を知っている)
   I know *that he studies English.*
   (私は彼が英語を勉強することを知っている)

   The story is known.
   (その話は知られている)
   That he studies English is known.
   (彼が英語を勉強することは知られている)

それぞれの例文の that 節，すなわち that he studies English の部分は，名詞である the story と同じ働きをしています。名詞節は名詞に相当するので，文中では名詞の来る位置に来ます。

ただし，*That he studies English* is known. のように，that 節が主語の働きをする場合は，ふつう It is known *that he studies English.* のように，仮主語 it を文頭に置いて It 〜 that ... で表します。

次の that は「同格の that」と呼ばれます。

   I know the fact *that he studies English.*
   (私は，彼が英語を勉強するという事実を知っている)
   The fact *that he studies English* is known.
   (彼が英語を勉強するという事実は知られている)

「同格」とは，my brother John（私の弟のジョン）の my brother と John のように，名詞の後に，その内容を説明する名詞（あるいは名詞相当語句）が並んでいる状態のことを言います。ですから，the fact that he studies English では，「事実（the fact）」イコール「彼が英語を勉強すること（that he studies English）」です。

ワンポイントコラム㉙

名詞節を導く疑問詞

　疑問詞が名詞節を示すサインになることもあります。I know *that* he studies English. の接続詞 that の箇所に疑問詞を入れても，語のまとまりの働きは同じです。

　I know *that* he studies English.
　（私は，彼が英語を勉強することを知っている）
　I know *when* he studies English.
　（私は，彼がいつ英語を勉強するのかを知っている）
　I know *where* he studies English.
　（私は，彼がどこで英語を勉強するのかを知っている）
　I know *why* he studies English.
　（私は，彼がなぜ英語を勉強するのかを知っている）
　I know *how* he studies English.
　（私は，彼がどのように英語を勉強するのかを知っている）

■ 副詞節を導く接続詞

　副詞節は文中で副詞的な働きをする語のまとまりで（☞p.87），「時」「原因・理由」「条件」「譲歩」「様態」「目的・結果」などを表します。この副詞節を導く接続詞の代表的なものとしては，次のようなものがあります。

V　文中の「語のまとまり」を示す語

時：when（～するときに），while（～する間に），as（～しながら），after（～した後に），before（～する前に），until（～まで），since（～して以来）

原因・理由：because（なぜなら～），as（～なので），since（～なので）

条件：if（もし～なら），unless（もし～でないなら）

譲歩：though（～だけれども），even if（たとえ～であっても）

様態：as（～するように）

目的・結果：(so) that（～するために，その結果～）

それぞれの用法について1つずつ例文を挙げてみましょう。

He played tennis *when he was young.*
（若いときに，彼はテニスをした）
→ when he was young は「時」を表す副詞節

Since it was fine, he played tennis
（天気がよかったので，彼はテニスをした）
→ since it was fine は「理由」を表す副詞節

If it is fine tomorrow, he will play tennis.
（明日天気がよければ，彼はテニスをするだろう）
→ if it is fine tomorrow は「条件」を表す副詞節

Though he was tired, he played tennis.
（疲れていたが，彼はテニスをした）
→ though he was tired は「譲歩」を表す副詞節

He played tennis *as he was told.*
(言われた通りに，彼はテニスをした)
→ as he was told は「様態」を表す副詞節

He played tennis *so that he might lose weight.*
(やせるために，彼はテニスをした)
→ so that he might lose weight は「目的」を表す副詞節

　このように，when や since などの接続詞が「語のまとまり(副詞節)」を示すサインの働きをしています。
　それぞれの副詞節の働きは接続詞の辞書的意味から判断できますが，上の例文を見て気づくことは，接続詞に導かれる副詞節(イタリック体の部分)が文の前半にあったり，後ろに置かれたりしていることです。このことは，He played tennis *yesterday.* (彼は昨日テニスをした)や *Yesterday* he played tennis. (昨日，彼はテニスをした)の副詞(yesterday)の位置から理解できますが，もう1つの大切な点は，より伝えたい情報，強調したい情報は後ろに来るということです。つまり，1つの文の中に，既に知られている情報(旧情報)と，それに対する新しく伝えたい重要な情報(新情報)がある場合には，英語ではふつう「旧情報→新情報」の順に並べます。この法則にしたがって，副詞相当語句の意味と，それを置く位置を考えてみてください。

ワンポイントコラム㉚

「原因・理由」を表す because, since, as の違い

　「～なので」と訳す because, since, as には微妙な用法の違いがあります。原因や理由を強めたいときは，He was absent because he got cold.

(彼は欠席した。なぜならば,彼は風邪をひいたからだ)のように because を用います。ここでの新情報は because he got cold の部分です。

理由があらかじめわかっているか,それほど重要ではなく,むしろその結果に重点が置かれるときには as または since を使います。ですから,As / Since he got cold, he was absent.(風邪をひいたので,彼は欠席した)では,he was absent が新情報となります。since は as よりも少し形式ばった語です。

2 関係詞の種類と働き

ESSENCE

「関係詞」のエッセンス

関係詞が示す語のまとまりは,文中で形容詞の働きをする節である。関係代名詞は「代名詞と接続詞の働き」をし,関係副詞は「副詞と接続詞の働き」をする。

■ 文中で形容詞の働きをする「語のまとまり」

形容詞に相当する語句が名詞の性質や状態を限定する場合,原則として1語の場合はそれがかかる名詞の直前に置き,いくつかの語がまとまって名詞にかかる場合は直後に置きます(☞ p. 148)。

the *old* book(古い本)
the book *on the desk*(机の上にある本)
the book *which Mike reads every day*(マイクが毎日読む本)

3番目の例では,which Mike reads every day が名詞 the

book を限定する形容詞的な働きをしています。そして，これは「主語と動詞を含んだ語のまとまり」なので形容詞節です（☞ p.86）。この which のように，形容詞節を示すサインとなるのが関係詞です。

関係詞も「語のまとまり」を示す接続詞の働きをもつものと考えることができます。この which によって導かれる形容詞節 (which Mike reads every day) を「関係詞節」と言い，それがかかる the book を「先行詞」と言います。

■「代わりをする」関係詞
関係詞の働きを詳しく見ていきましょう。

This is the book *which Mike reads every day.*
（これは**マイクが毎日読む**本です）
The book *which Mike reads every day* is difficult.
（**マイクが毎日読む**本は難しい）

2つの文とも which Mike reads every day が直前の名詞 the book を限定していますが，それぞれの the book と which Mike reads every day の関係は次のように考えることができます。

This is the book *which* Mike reads every day.
→ This is the book [＋Mike reads *it* every day].
（これは本［＋マイクがそれを毎日読む］です）

The book *which Mike reads every day* is difficult.
→ The book [＋Mike reads *it* every day] is difficult.
（この本［＋マイクがそれを毎日読む］は難しい）

これにより，which は it に対応していることがわかります。つまり，which は代名詞 it の代わりをしつつ，Mike reads every day の部分を直前の名詞 the book に結びつける接続詞の働きもしています。このような which を関係代名詞と言います。**関係代名詞の「関係」とはつながりを示す接続の関係のことであり，「代名詞」は文字通り代名詞のことです。**

■「代名詞と接続詞の働きをする」関係代名詞

代名詞と接続詞の働きを同時にする，つまり，代名詞と接続詞の働きを1つにしたものが関係代名詞です。まず，先行詞が「人」の場合の関係代名詞を見ていきましょう。

This is the man *who taught me English.*
(こちらは，私に英語を教えてくれた男性です)
→ This is the man [+*he* taught me English].
(こちらはその男性 [+彼は私に英語を教えてくれた] です)

The man *whose English is very good* is my uncle.
(英語がとても上手なその男性は私のおじです)
→ The man [+*his* English is very good] is my uncle.
(その男性 [+彼の英語はとてもよい] は私のおじです)

This is the man *whom I taught English.*
(こちらは，私が英語を教えた男性です)
→ This is the man [+I taught *him* English].
(こちらはその男性 [+私が彼に英語を教えた] です)

関係代名詞 who は he, whose は his, whom は him に対応し

ながら，語のまとまりを結びつける接続詞の働きをしています。このことから，関係代名詞には代名詞と接続詞の両方の働きがあることがわかります。

上の例文で，代名詞が文中での働きに応じて he—his—him と変化するのに合わせて，対応する関係代名詞も who—whose—whom となります。ただし，関係代名詞 whom を用いると堅い印象があるので，多くの場合 This is the man I taught English. のように whom をつけずに表現します。

次は，先行詞が「人以外」の場合です。

The book *which was written by my father* is difficult.
(私の父によって書かれた本は難しい)
 → The book [+*it* was written by my father] is difficult.
  (その本 [+それは私の父によって書かれた] は難しい)

The book *whose author is my father* is difficult.
(著者が私の父である本は難しい)
 → The book [+*its* author is my father] is difficult.
  (その本 [+その著者は私の父である] は難しい)

The book *which my father wrote* is difficult.
(私の父が書いた本は難しい)
 → The book [+my father wrote *it*] is difficult.
  (その本 [+私の父がそれを書いた] は難しい)

以上から，関係代名詞 which は it, whose は its に対応しながら接続詞の働きをしていることが確認できます。3つめの文は，The book my father wrote is difficult. のように，関係代名詞

which を用いずにシンプルに表現できます。

POINT

先行詞が「人」

・he/she/they（主語となる代名詞）＋接続詞の働き
　→ 関係代名詞 who
・his/her/their（所有格を表す代名詞）＋接続詞の働き
　→ 関係代名詞 whose
・him/her/them（目的語となる代名詞）＋接続詞の働き
　→ 関係代名詞 whom

先行詞が「人以外」

・it/they（主語となる代名詞）＋接続詞の働き
　→ 関係代名詞 which
・its/their（所有格を表す代名詞）＋接続詞の働き
　→ 関係代名詞 whose
・it/them（目的語となる代名詞）＋接続詞の働き
　→ 関係代名詞 which

■ 前置詞＋関係代名詞

　関係代名詞が代名詞と接続詞を1つにした働きをすることが理解できたところで，This is the book. と He told me about it. を関係代名詞を使った文にしてみましょう。もちろん，先行詞はthe book です。

This is the book [＋he told me about *it.*]
（これはその本 [＋彼は私にそれについて話してくれた] です）
→ This is the book *which he told me about.*

（これは彼が私に話してくれた本です）

　これでよいのですが，which he told me about の最後の about に注意してください。about は「〜について」を意味する前置詞です。前置詞とは名詞や代名詞の前に置く語です（☞ p. 172）。しかし，which he told me about では，about の位置が名詞・代名詞の前ではありません。そこで，代名詞 it の前に置かれていた前置詞 about を関係代名詞 which の前に置いてみましょう。

　　This is the book [＋he told me about *it.*]
　　→ This is the book *which he told me about.*
　　→ This is the book *about which he told me.*

　こう見ると，about which（前置詞＋関係代名詞）は about it（前置詞＋代名詞）の代わりをしながら接続詞の働きをしていることがわかります。ただし，This is the book *about which he told me.* のような「前置詞＋関係代名詞」を用いた表現は主に書き言葉に見られ，話し言葉には This is the book he told me about. がなじみます。

■「副詞と接続詞の働きをする」関係副詞
　「前置詞＋関係代名詞」の文についてもう少し考えてみます。今度は，This is the house. と He lives in it. を関係代名詞で1つの文にしてみましょう。

　　This is the house [＋he lives in *it.*]
　　（これはその家［＋彼はその中に住んでいる］です）
　　→ This is the house *which he lives in.*

→ This is the house *in which he lives*.
　（これは**彼が住んでいる**家です）

　he lives in it の in it（前置詞＋代名詞）は there（副詞）に置き換えることができます。そして，it が which になったように，この there は where となって語のまとまりを示します。

This is the house ［＋he lives *there*］.
（これはその家［＋彼はそこに住んでいる］です）
→ This is the house *where he lives*.
　（これは**彼が住んでいる**家です）

　代名詞と接続詞の働きを1つにした関係代名詞に対して，この where のように副詞と接続詞を兼ねた働きをするのが「関係副詞」です。in which（前置詞＋関係代名詞）が where（関係副詞）に対応していることがわかると思います。

This is the house *in which he lives*.
→ This is the house *where he lives*.

　where は「場所」と関係していることから，関係副詞 where の先行詞は場所（the house）です。では，先行詞が時間の場合にはどうなるでしょうか。

I forgot the day ［＋he came *on it*］.
（私は日［＋その日に彼が来た］を忘れた）
→ I forgot the day *on which he came*.
　（私は**彼が来た**日を忘れた）

ここまでの手順は同じですが，時間の場合は on it が then で置き換えられます。したがって，

I forgot the day [＋he came *then*].
(私は日［＋その時に彼が来た］を忘れた)
→ I forgot the day *when he came.*
(私は彼が来た日を忘れた)

となります。この場合は on which（前置詞＋関係代名詞）が when（関係副詞）に対応していることがわかります。

I forgot the day *on which he came.*
→ I forgot the day *when he came.*

このように，「場所を表す副詞（there）と接続詞」の両方の働きを兼ね備えている関係副詞が where，「時を表す副詞（then）と接続詞」の働きを兼ね備えている関係副詞が when です。

POINT

・there（場所を示す副詞）＋接続詞の働き → 関係副詞 where
・then（時を示す副詞）＋接続詞の働き → 関係副詞 when

ワンポイントコラム㉛

先行詞に注意

　関係詞を習う時に，かならずセットで出てくるのが「先行詞」です。先行詞が「人」なら who,「もの」なら which,「場所」なら where,「時間」なら when などと機械的に処理していませんか。

次の2つの文を見てください。

This is the house *which* he bought. (これは彼が買った家です)
This is the house *where* he lives. (これは彼が住んでいる家です)

それぞれの文の関係詞節の先行詞はともに the house で同じす。しかし，関係詞はそれぞれ which と where になっています。どうして違うのかは，これらを2つの文に戻してみるとわかります。

This is the house *which* he bought.
→ This is the house [＋he bought *it*].
This is the house *where* he lives.
→ This is the house [＋he lives *there*].

ここから which は「代名詞 it ＋ 接続詞」であり，where は「副詞 there ＋ 接続詞」であることが確認できます。つまり，上の文では代名詞 it の代わりをしているので関係代名詞 which が使われ，下の文では副詞 there の代わりをしているので関係副詞 where が使われているのです。ですから，関係詞を用いるときには，「先行詞がものだから」だとか，「先行詞が場所だから」と簡単に処理するのではなく，何の代わりをしているかという点に注意してください。

■ 関係詞の限定用法と叙述用法

形容詞には限定用法と叙述用法があります（☞ p. 147）。

I know the *tall* boy. (私はその**背の高い**少年を知っている)
→ 限定用法
The boy is *tall*. (その少年は**背が高い**)
→ 叙述用法

関係詞に導かれる節は文中で形容詞の働きをするので，同じように限定用法と叙述用法とがあります。

限定用法
I know the boy *who lives there.*
(そこに住んでいる少年を知っている)
The office *where I work* is small.
(私の働く事務所は狭い)

この who lives there や where I work の部分は,それぞれの直前の名詞(boy, office)を限定しているので,このような用法を関係詞の限定用法と言います。これに対し,

非限定用法(叙述用法)
I know the boy, *who lives there.*
(私はその少年を知っている。彼はそこに住んでいる)
The office, *where I work*, is small.
(その事務所は,私が働いているのだが,狭い)

となると,who lives there や where I work の部分は,先行詞を限定しているのではなく,先行詞について説明を加えています。つまり,the boy や the office について叙述しているのです。このような用法を関係詞の非限定用法(叙述用法)と言い,この場合はコンマで区切ります。

■ 限定用法と叙述用法で意味が異なる場合
形容詞の限定用法と叙述用法の区別など,ふつうはあまり意味のないことだと思われるかもしれません。たしかに,限定用法の the old books(古い本)と叙述用法の The books are old.(その本は古い)では,意味の違いを意識することはないでしょう。では,次の場合ではいかがでしょうか。

He read the *old* books in the room.
(彼は部屋の中にある古い本を読んだ)
→ old は books を限定する［限定用法］

The books in the room are *old*.
(部屋の中にある本は古い)
→ old は the books の性質を叙述する［叙述用法］

　上の文は,「部屋の中にある本」の中から「古い本」に限定して読んだということです。ですから, 部屋の中には古い本の他にも, 新しい本があることは十分に考えられます。それに対し, 下の文は「部屋の中にある本」について説明をしており,「部屋の中にある本」すべてが古いということを言っています。
　もう1つ例をあげましょう。

The boys *sitting in the front row* are excited.
(最前列に座っている少年たちは興奮している)
→ sitting in the front row は boys を限定する［限定用法］

The boys, *sitting in the front row*, are excited.
(少年たちは, 最前列に座っていて, 興奮している)
→ sitting in the front row は the boys の性質を叙述する
　［叙述用法］

　上の文は, 少年たちの中で「最前列に座っている」ものに限定しています。つまり, 最前列以外にも少年が座っているはずです。しかし, 下の文は, 少年たちについて説明を加えているので, その少年たちはすべて最前列に座っていることになるのです。

こういった意味の違いは，関係詞節の場合にも生じます。

He has two brothers *who live in Tokyo.*
(彼には東京に住んでいる2人の兄弟がいる)
→ who live in Tokyo は two brothers を限定する［限定用法］
→ 東京以外に住む兄弟が他にいるかもしれない

He has two brothers, *who live in Tokyo.*
(彼には2人の兄弟がいて，その2人は東京に住んでいる)
→ who live in Tokyo は two brothers についての説明を加えている［非限定用法］
→ 兄弟は2人だけで，その2人とも東京に住んでいる

There were few passengers *who got injured in the accident.*
(その事故でけがをした乗客はほとんどいなかった)
→ who got injured in the accident は few passengers を限定する［限定用法］
→ ほとんどの乗客はけがをしなかった

There were few passengers, *who got injured in the accident.*
(乗客はほとんどいなかった。しかし，彼らは事故でけがをした)
→ who got injured in the accident は few passengers についての説明を加えている［非限定用法］
→ 乗客の全員がけがをした

先行詞について叙述的に説明を加える部分が，関係詞の非限定

用法です。この場合,「コンマ＋関係詞」となることは述べたとおりですが,そのコンマに前後関係から判断して適当な接続詞を補って訳すとよいでしょう。

上の例文のように,関係詞の限定的な用法（限定用法）と叙述的な用法（非限定用法）で文の意味が大きく異なる場合もあるので,注意が必要です。

ワンポイントコラム㉜

文の内容全体を受ける関係詞

関係詞の非限定用法には,先行する文全体を説明する用法もあります。
　He came late. It made his father angry.
　（彼は遅れてきた。そのことが彼の父を怒らせた）
第2文の It は前文の He came late. を指しています。関係代名詞を用いて,2つの文をつなぐと次のようになります。
　He came late [＋*It* made his father angry].
　→ He came late, *which* made his father angry.
この which も前文 He came late を指します。ただし,このように先行する文全体を説明する関係詞の前にはコンマを打つのが約束です。

■ 関係詞 that

「限定用法」のみに使われる関係詞 that は,関係代名詞 who, which, whom や関係副詞 when, where などの代わりに用いることのできる万能選手です。

ただし,先行詞が「人」の場合は who が圧倒的に多く使われます。一方,先行詞が「人以外」の場合で which でも that でもよいときには,that の方が好まれるようです。とくに**学術論文や時事英語などでは,限定用法には that を用い,非限定用法には which を用いて両者を区別している傾向がうかがえます。**

The books *that* were written by him are interesting.
(彼によって書かれたその本は面白い)
→ that were written by him は the books を限定する［限定用法］
→ 限定用法の場合は関係代名詞 that が好まれる

The books, *which* were written by him, are interesting.
(その本は，彼によって書かれたのだが，面白い)
→ which were written by him は the books についての説明を加えている［非限定用法］
→ 非限定用法の場合は関係代名詞 which を用いる

ただし，次の3つの場合には，who や which ではなく that を用います。

①最上級の形容詞や，the very（まさに），the only（唯一の），the first（最初の），the last（最後の）や，all, every, any, no, little などの語が先行詞に付くとき：
　This is <u>the best dictionary</u> *that I have ever used.*
　(これは私がいままで使った中で最高の辞書だ)
　That's <u>all</u> *that I have to say.*
　(それが，私が言わねばならないことのすべてです)
　→ 限定の度合いの高い語が先行詞に含まれるときは that を用いる

②疑問詞の後で：
　<u>Who</u> *that has common sense* can believe this?
　(常識のある人がこんなことを信じられるだろうか)

→ Who who ... となると口調が悪いので that を用いる

③先行詞に「人」と「人以外」が同時に含まれるとき：

The car ran over a boy and his dog *that were crossing the road.*

(その車が，道を横切っていた少年とそのイヌをひいた)

→ who か which に絞れないので that を用いる

なお，「前置詞＋関係代名詞」の場合には関係代名詞 that を用いないので注意が必要です。

(誤) *This is the house *about that he told me.*
(正) This is the house *about which he told me.*

　　(これは彼が私に話してくれた家です)

ワンポイントコラム㉝

接続詞の that か関係代名詞の that か

接続詞の that と関係代名詞の that の区別は，that に続く部分をチェックすればわかります。

I know *that* he bought the book. → 接続詞の that
(私は彼がその本を買ったことを知っている)

He showed me the book *that* he bought. → 関係代名詞の that
(彼が買った本を私に見せてくれた)

接続詞の場合は that に続く部分 he bought the book が完全な文の形をしているのに対し，関係代名詞の場合は he bought と bought の目的語がない不完全な文の形になっています。この文では，関係代名詞 that が bought の目的語です。

■ **注意すべき関係詞**

最後に，注意すべき関係詞 what, why, but, as, than について簡単に説明しておきましょう。

・what

関係代名詞 what は，the thing(s) which（〜するもの，〜すること）の意味で，先行詞を含んだ関係代名詞です。

This is the book *which I wanted.*
（これは私が欲しかった本です）
→ 先行詞（the book），関係代名詞（which）

This is *what I wanted.*
（これは私が欲しかったものです）
→ 先行詞を含んだ関係代名詞（what）

この what は関係代名詞なのか疑問詞なのか区別が難しい場合があります。たとえば，I know what he said. は「私は彼が言ったことを知っている」と訳したらよいのか，「私は彼が何を言ったか知っている」と訳せばよいのか，どちらでしょうか。前の訳ですと what は関係代名詞となり，後の訳ですと疑問詞になります。結論を言えば，どちらでもいいのであって，明快な区分はありません。

・why

関係副詞 why の先行詞はいつも the reason です。

This is the reason *why he came.*

（これが彼が来た理由です）

この関係副詞 why は for which（前置詞＋関係代名詞）の代わりをします。

This is the reason [＋he came for *it*].
（これがその理由 [＋彼はそのために来た] だ）
→ This is the reason *which he came for.*
→ This is the reason *for which he came.*
→ This is the reason *why he came.*
（これが彼が来た理由です）

関係副詞 why の先行詞 the reason は省略が可能で，I know the reason why he did it.（私は彼がそれをした理由を知っている）は，I know why he did it. ともなります。こうすると，先ほどの what の場合と同じように，why が関係副詞なのか疑問詞なのかで迷います。I know why he did it. を「私は彼がそれをやった理由を知っている」と訳せば why を関係副詞と解釈したことになり，「私は，彼がなぜそれをやったか知っている」と訳せばwhy を疑問詞扱いしていることになります。これもあまり深く考えなくてもかまいません。

・but

関係代名詞 but は not の意味を含んでいます。ですから，There is no rule *but has some exceptions.*（例外のないルールはない）は，There is no rule *that does not have exceptions.* とも書けます。ふつう「しかし」と訳す but は，元来は「～のほかに」「～を除いて」という意味でした。関係代名詞 but の場合も同じ

ように「除いて」と訳せば簡単に理解できます。そこで，There is no rule *but has some exceptions.* を「例外をもつことを除いた規則はない」と考えれば，「例外のない規則はない」という訳になることも理解できます。

・as, than

関係代名詞 but は，元来は接続詞であるものが関係代名詞のように用いられたものです。これを擬似関係代名詞といい，他に as や than があります。

> I want the same dictionary *as* you have.
> （私はあなたが持っているのと同じ辞書が欲しい）
> I want such friends *as* make me happy.
> （私は自分を幸せにしてくれるような友人が欲しい）
> There is more money *than* is necessary.
> （必要以上のお金がある）

上の例文の擬似関係代名詞 as, than はそれぞれ which, who, which で済むところですが，先行詞に the same, such や more があるため相関的に as や than が関係代名詞的に用いられる傾向があるのです。

おわりに

　本書を最後まで読まれていかがでしたか。ご覧の通り，本書では，読みやすさを第一に，できるだけわかりやすい言葉で英文法のエッセンスを解説してみました。文法説明のための例文もできるだけ簡単なものを使い，また文法用語も必要最小限のものだけにして，少しでも多くの人に読んでいただけるように工夫しました。楽しくてためになる（interesting and instructive）という点を心がけましたが，その「楽しい」とは知的な意味での楽しさであって，「あっ，そうか！　なるほど！」とわかったときの喜びや興奮のことです。皆さんが，「英文法は楽しい！」と感じてくだされば，本当にうれしく思います。

　本書をお読みになって，読者の皆さんひとりひとりが英語の勉強に役立つヒントを見つけ出し，英語の勉強が知的な意味でより楽しいものとなれば，著者としてこれほどの喜びはありません。そして，文法や言葉への興味や愛着を深め，文法心〔グラマテイカル・マインド〕──文法を考える視点──を養ってくださることを願ってやみません。しかし，本書は，まだまだ改良の余地があろうかと思います。その意味でも，読者の皆さんから，本書の内容についてのご意見をお待ちしています。

　本文では言及しませんでしたが，本書の執筆にあたっては，さまざまな先達による英文法研究の成果を参考にしました。もちろん，私自身のオリジナルな発想やアイディアも入っていますが，もしかすると，それもどこかですでに述べられているかもしれません。ですから，本書は「著作物（work）」というよりも「編集物（compilation）」であり，私は「著者（author）」ではなく「編集者（compiler）」だと思っています。

本書を執筆，出版するにあたって，多くの方々のお世話になりました。勉強仲間たちと文法について語り合ったことが本書のベースになっていますが，多くの先生方や同輩諸氏，そして学生諸君，また多方面の知り合いの方々から，本書の構想，原稿執筆の段階でさまざまなコメントや有益なアイディアをいただきました。すべてのお名前を挙げることはできませんが，この場をお借りして心より御礼申し上げます。

　とりわけ，学生時代から今日まで，いつも文法談義にとことん付き合ってくださった恩師でもあり，本書の出版のチャンスを作ってくださった上智大学名誉教授の渡部昇一先生，私の英語研究に多大なるご支援をいただいた清風学園中学校・高等学校（大阪市）の平岡英信理事長，ワシントン滞在中，本書をまとめるきっかけとなった英文法の勉強を一緒に始めた同校の平岡弘章先生，そして，原稿の段階から編集，校正，出版に至るまで大変お世話になり，内容面でも有益なご指摘を多々いただいた大修館書店編集部の五十嵐靖彦氏には，衷心より感謝を申し上げます。

2015 年 9 月

著者識す

[著者紹介]

江藤裕之（えとう　ひろゆき）
東北大学大学院国際文化研究科教授。1963年，福岡県生まれ。上智大学外国語学部英語学科卒業。同大学院にて社会学，英米文学の修士課程を修了後，ジョージタウン大学に留学。2000年，ジョージタウン大学より PhD を，2002年，上智大学より博士（文学）を取得。西洋精神史・学問史の立場から言語学の歴史を研究し，日本人のための英語教育の構築をリベラル・アーツ教育という視点から試みる。著書に，*Philologie vs. Sprachwissenschaft* (2003, Nodus Publikationen)，『看護・ことば・コンセプト』（文光堂，2005），*Multiple Perspectives on English Philology and History of Linguistics*（共編，2010, Peter Lang）など，訳書に『APA論文作成マニュアル［第2版］』（共訳，医学書院，2011）など。

英文法のエッセンス
© Hiroyuki Eto, 2015　　　　　　　　　NDC835／x, 226p／19cm

初版第1刷──2015年10月10日

著　者────江藤裕之
発行者────鈴木一行
発行所────株式会社　大修館書店
　　　　　　〒113-8541　東京都文京区湯島 2-1-1
　　　　　　電話 03-3868-2651（販売部）　03-3868-2292（編集部）
　　　　　　振替 00190-7-40504
　　　　　　［出版情報］http://www.taishukan.co.jp

装丁者────内藤創造
本文イラスト─関川耕嗣
印刷所────精興社
製本所────牧製本

ISBN978-4-469-24598-1　　Printed in Japan
Ⓡ本書のコピー，スキャン，デジタル化等の無断複製は著作権法上での例外を除き禁じられています。本書を代行業者等の第三者に依頼してスキャンやデジタル化することは，たとえ個人や家庭内での利用であっても著作権法上認められておりません。